早期教育と脳

小西行郎

光文社新書

目次

早ければよいというものではない／長すぎるテレビ視聴について／テレビが必要なのは子どもではなく親／「心の問題」と育児不安／誉める育児にこだわる／教育に自信をなくした親たち／育児に追われる日々への不満／育児は他人には分からない世界／子育てはお母さんだけのものか／児童虐待／虐待撲滅ローラー作戦は有効か／「親の責任」で虐待は解決しない

第四章　地域社会と子ども集団

限界にきた「母親ががんばる育児」／地域の保育力を奪った学校／ベトナムの母親への意識調査／スォドリング／都市と農村の育児環境の違い／保育所に求められる二つの役割／子どもの遊びをパターン化しない／健全な子どもの発達とは／「子ども社会」が子どもを育む

はじめに

早期教育を裏付ける「科学的根拠」において、もっとも活躍したのはラット（ねずみ）ではないでしょうか。

人間の脳が、乳幼児期にかけてもっとも活発化することから、多くの刺激が子どもをかしこくさせると、まことしやかに唱えられてきました。このような脳の劇的な成長を裏付ける実験に貢献したのが、ラットをはじめとする動物たちでした。ラットの成育環境がラットの脳をどう変化させ、知能を変化させ、行動を変えてきたかが、あたかも人間の脳を見るように「実証」されたのです。

しかし、二〇〇四年に入って理化学研究所などが発表した学説では、人間と、進化の隣人と呼ばれるチンパンジーの遺伝子情報とが、想像以上に大きく違うことが明らかになりました。寿命の長さや遺伝情報、脳の仕組みなど生物学的に異なる動物の科学的知見を、そのまま人間の子どもに当てはめるのは、非常に危険です。

また、英語や算数、音楽などの「学習効果」は八歳までがカギともいわれますが、人間の脳は、乳幼児期に将来のすべてが決まるわけではなく、少年期・青年期を通じてさらに成長し、成人期や老年期においても柔軟に変化し、学習を続けるものです。

最近の早期教育の特徴は、子どもの発達を「脳」のみでとらえる論調にあります。しかしそれは、子どもを「勉強ができる・できない」で判断する偏った見方を促し、結果的に子どもから〝子どもらしさ〟を奪うことになるのではないでしょうか。

本書は、次の五つの章から私なりの考えをまとめています。

第一章の「早期教育と脳」では、発達のめざましい乳幼児の「臨界期」を検証し、英語や算数など早期教育の是非を問います。

現在、早期教育の将来的な効果と影響については何も分かっていません。人間の能力を局所的に抽出する学習方法は、ともすれば子どもの自発的な能力ややる気を削ぐことになりますし、行きすぎた早期教育によって不調を訴えたり、慢性疲労や燃え尽き症候群に陥る子どもの例もあります。

第二章の「乳幼児と英語教育」では、早期教育の代表的な例として英語教育を取り上げ、まとめました。

第三章と第四章では少し趣を変え、孤立する母親と、情報の氾濫《はんらん》が招く育児現場の混乱、児童虐待などから、母親だけが育児をする状況がもはや限界にきているという現実をふまえ、幸せな育児を実現するために社会全体がとるべき方策を私なりに提案します。

最後の第五章では「障害児教育から子育てを考える」がテーマになります。

私が早期教育に疑問を持ったのは、長年携わってきた障害児の早期発見・早期治療との共通点がきっかけでした。

これまで障害児教育では、子どもの脳や身体の機能、知能程度を段階的に診断し、彼らをそのまま受け入れるのではなく、辛く苦しい訓練や治療こそが「社会適応への唯一の道」と信じて疑いませんでした。そのため、多くの親と子どもが苦しみ続けてきたという問題を抱えています。第五章では、人間を優劣で判断する価値観や、子どもの発達とどう向き合うかという問題を、障害児教育の視点からまとめます。

さて、一九九七年から二〇〇〇年にかけて文部科学省が打ち出した「脳科学と教育——脳を知る、脳を守る、脳を創る」を受け、二〇〇四年から本格的に始まったのが「脳科学と教育――脳を育む」研究です。

研究の目的は、学者による研究のための研究ではなく、親、保育所や幼稚園、学校など育児の現場の意見を反映させながら、教育に役立つ科学の検証です。全国の約一万人の子どもたちを生後間もない時期から数年間調査し、発達過程を追跡します。

現在、大きな社会問題となっているテレビの視聴や心の問題、虐待など、子どもの脳や心の発達はまだよく分かっていません。そこで、改めて子どもの健やかな発達を、社会学や心理学、統計学を活用した調査、心理実験や行動発達学に基づく観察、医学的診断、そして脳機能観察から、総合的に、継続的に「見る」研究を行います。

このプロジェクトが進行する中で、改めて感じたことは、日々育児の現場で我が子と格闘し続けるお母さんたちこそが、子どもの発達をもっともよく観察し、理解している科学者であり、彼女たちの実体験がまさしく「科学的根拠」と呼ぶにふさわしいものではないかということでした。

私が総合的に子どもを「見る」ことにこだわる理由は、これから詳しく述べることにしましょう。本書の内容が、日々真剣に育児や教育と向き合う皆さんのお役に立てることを願っています。

第一章　早期教育と脳

過熱する早期教育

二〇〇三年に私が中国を訪れたとき、現地の親から、早期教育についての様々な質問を受けました。それは、子どもの発達や早期教育の適切な時期についてではなく、ほとんどが、「どうすれば我が子が天才になるのか」といった、早期教育を前提とした質問でした。

中国のある医者は、「学者の中には、行きすぎた早期教育に懸念を示す人も増えてきているが、現場の過熱はとめられない」と語りました。

中国では、従来の一人っ子政策に、昨今の市場開放経済が加わり、子どもの教育に対する親と祖父母の積極的な経済投資も珍しくありません。また、学校が早期教育を支援するなど、国をあげての高学歴志向の高さも感じられます。

日本でも、早期教育は「三歳児神話」と相俟《あいま》って一種のブームといえる状況にあり、さらに多様化が進んでいるようです。

二歳八カ月の男児のお母さんは、最近インターネットを使って子どもと一緒に勉強を始めました。彼女は、子どもを産む前から早期教育に興味を持っていて、いろいろと調べた結果、インターネット上に幼児用の学習サイトがあることを知りました。乳幼児の吸収力の高さに期待して、英会話と算数を学べるページを積極的に活用しています。

二歳八カ月の子どもがパソコンを使うことに多少の抵抗は感じているものの、「安価だし、親のための育児相談コーナーもあるし、自由な時間に学習ができることにメリットを感じている」と言います。

一歳九カ月の女児のお母さんは、

「私は、ゆとり教育には反対です。それでは子どもの脳がダメになってしまう。学校も塾も選べる時代です。我が子には、自分がいいと思うものをさせたい」

と早期教育への意欲をみせています。

かつてのように「天才児を育てる」と謳い、スピードを競って集中力や記憶力を高めることに重点をおいた早期教育だけでなく、キャラクターを使い、ゲーム感覚で子どもの判断力、思考力、創造性を養うことを目的とした塾や教材も増えてきているようです。

ある学習教材では物の色や数、形合わせなどの簡単な遊びが「図形」「位置」「合成」「判断」といった、乳幼児の育児とは無縁の難解な言葉で分類されています。

乳幼児の子育てはもはや「育児」ではなく、いかに頭のよい子ども、勉強のできる子どもを育てるかが目的になっているとさえ感じられます。

いずれにしろ、共通しているのは、「育脳」をキーワードにした教材や塾です。

矢野経済研究所の調査によれば、二〇〇二年度の、〇歳児から未就園児の「乳幼児教育市場」は、推計一五〇〇億円にものぼり、金額でもっとも多いのが英才・能力開発教室の六三五億円、次いで訪問販売など英会話教材が四二〇億円となっていて、子どもの「脳」に対する親の期待や関心の高さがうかがえます。

「臨界期」と脳の発達

これら早期教育と切っても切り離せない関係にあるのが、「臨界期」という考え方です。「臨界期」とは、簡単にいえば、生き物の発達過程において、ある時期を過ぎると、ある行動の学習が成り立たなくなる限界の時期のことを指します。ただ現在では、「この時期を逃したら手遅れ」というイメージを和らげるため、「感受性期」「敏感期」という言葉も用いられます。

この概念は、そもそもノーベル医学・生理学賞を受賞した著名な動物学者、コンラート・ローレンツ博士の「刷り込み＝インプリンティング」理論に遡ることができます。「刷り込み」とは、孵化《ふか》直後のハイイロガン（雁の一種）の雛が、最初に見た動くものを母親だと思ってついて歩くという習性のことで、孵化直後の一定期間しか起きないことが分かっています。この一定の期間が「臨界期」に該当するというわけです。

この「臨界期」には、乳幼児期の脳の発達の仕組みが大きく関わっています。

簡単に説明すると、人間の脳は、胎児期に、脳のもととなる神経板や神経管、神経芽細胞というものができ、それが大脳や小脳、延髄などに分かれて成長していきます。その後、脳の中に神経細胞（ニューロン）が発生して数が増え、他の神経細胞と結合するようになります。

脳の中にできた神経細胞が他の神経細胞と結合するとき、「シナプス」と呼ばれる部分を介して刺激（情報）を伝達し合います。シナプスを介した神経細胞同士の連携、つまり、脳内の神経回路（ネットワーク）作りが、いわゆる「脳の発達」と呼ばれるものです。

例えば、人間の視覚機能を司《つかさど》る脳の部位（視覚野）では、このニューロンあたりのシナプスの数は、生後八カ月頃にピークに達しますが、その後どんどん消えて三歳頃には大人と同じ数になります。

これは一見非効率な感じがしますが、ネットワーク作りの過程でシナプスが必要以上に多く増えるのは、脳の中枢神経に何らかのダメージが発生した場合、ダメージを受けたシナプスなどのかわりをする予備の役目を果たすためです。そして、いったん増えたシナプスが減るのは、遺伝的な要因に加えて、その時点で使われていない、不要なシナプスが整理されるためではないかと考えられています。整理されることで、無駄のない効果的なネットワークが作られるのでしょう。これをシナプスの「過形成」と「刈り込み」と呼びます。

早期教育肯定派の人にとっては、このシナプスの数が最大になる乳幼時期に、たくさんの刺激を与えて色々な才能を伸ばしましょう（たくさん脳のネットワーク作りをしましょう）、という解釈につながるのだと思います。

しかし、この脳のメカニズムと「臨界期」の関係については、世界中で多くの研究が進められていますが、実はまだよく分かっていないというのが現状です。視覚や聴覚など一部の単純な機能はともかく、創造や思考といった高次脳機能の「臨界期」については、科学的にはまったく解明されていません。

「三歳児神話」という言葉と「臨界期」とを結びつける表現などもよく見られますが、すべての「臨界期」が三歳で終わるような誤解を与えるだけのような気がします。

先のシナプスの話との関連で言えば、二〇歳くらいまでシナプスの数が増え続ける脳の部位もあります。そもそも、単純にシナプスの数が多ければいいかというと、そうとも言い切れません。まだ仮説の段階ですが、ＡＤＨＤ（注意欠陥多動性障害）の原因の一つが、シナプスの刈り込みがうまくいかないことによるのではないかという研究もあります。

誤解してほしくないのですが、私は乳幼児期の脳に刺激が不要と言いたいのではありません。「適切な刺激」が、その後の健全な成長につながるのは間違いのないところです。ただ、過度な刺激は科学的な裏づけがされていないだけに、その効果や安全性を保証できるものではないということです。

詳しくは後述しますが、そもそも「臨界期」は、生物が生まれてきた環境に適応して生きていくためのものです。例えば、日本に生まれたら日本語を学び、日本の社会のルールを学び、一人の人間として社会に適応して幸せに生きていく。そういった環境に適応するための高度な能力が「臨界期」です。ですから「臨界期」は、例えばネイティブのような発音を身につけたり、「絶対音感」を身につけるために存在するのではないのです。

そこで本章では、「臨界期」について検証することから始めましょう。まず人間の発達に適切な環境が不可欠であることを物語る出来事からみていきます。

オオカミ少女の臨界期

一九二〇年、孤児院を運営していたシング牧師夫妻は、伝道旅行の途中、原住民族から奇妙な化け物の話を聞きました。調査をした結果、オオカミの洞窟から出てきたのは、手足体は人間で、肩や胸まで髪が覆い尽くし、鋭い目つきをした不思議な生き物でした。

シング夫妻は、彼らが人間の子どもであると見抜くと、自分たちで引き取って静かに育てることにしました。一人が推定年齢が一歳半のアマラ、もう一人は八歳のカマラです。

発見当時八歳だったカマラは、乳と肉しか摂取しませんでしたが、次第にケーキやビスケットを口にするようになりました。また、四つん這いから立て膝になり、ついには二足歩行ができるまでになりました。そして、当初は人間社会から自由になろうと抵抗を示しましたが、それができないと分かると受容し、最後には人間的な交わりに好感を持つようになっていったといいます。

しかし、夫妻の献身的な養育にもかかわらず、アマラは発見からわずか一年ほどで、カマラは九年後に病気で死んでしまいました。

シング氏は、著書『狼に育てられた子――カマラとアマラの養育日記』の「遺伝と環境」と題した結論で、彼女のことを次のように述べています。

「カマラの場合には、狼の環境の影響がおよそ万能といえるほどで、動物たちの手足と同じようになった彼女の肢体を、人間的生活に必要なように修正し、発達させることさえできなくしたということが、はっきりと立証されている」

「だが、私たちが忘れてならないのは、この少女カマラは不自然につくりだされたものであり、彼女の矛盾のすべては、彼女自身が適応するのにかなりの時間を要することにさせた環境の急激な変化によるものだということである」

シング氏は、「立証」という言葉を使って、乳幼児期に与えられた狼の環境がカマラの人間としての発達をとめてしまったと述べています。この一件が、乳幼児期に発達を阻害する環境に置くことの怖さ、発達を促進させる外的な刺激の重要性が広く認識される一つのきっかけとなりました。

ただし、この事例は社会的な接触の完全な遮断という極端な事例であり、これを早期教育の重要性に結びつけるのはいささか無理があるように思います。

次に、刺激の有無が生物の成育にどのような影響を与えるかを調べた二つの実験を紹介しましょう。いずれも早期教育の有効性を説く場合によく用いられるものです。

仔ネコとラットの臨界期

まずは、D・H・ヒューベルとT・N・ヴィーゼル（ともにノーベル医学・生理学賞受賞）が行った仔ネコの実験です。

二人は、生まれたばかりの仔ネコの片目を完全に遮蔽し、数週間そのままにしておくとどうなるかという実験を行いました。

その結果、遮蔽された方の目を普通に開けることはできても、目に映ったものが何であるかを認識する機能は失われていました。生後間もない時期に脳に適切な刺激が与えられなかったために、脳の視覚野が発達できなかったのです。

次は、心理学者グリーノーらによる豊かな刺激と貧しい刺激に関するラット（ねずみ）の実験です。

遺伝的に同じラットの子どもを二つのグループに分け、一方には餌や水だけの環境を、もう一方には餌や水だけでなく、広い場所と様々な玩具などを備えた豊かな環境を与えました。

つまり、前者は刺激の少ない、後者は刺激の多い環境で育てられるわけです。

すると、成長したラットの脳には、はっきりとした差が出ることが分かりました。豊かな環境に置かれたラットの脳の方が、そうではないラットに比べて重く、シナプスの数もずっと多かったのです。それだけでなく、迷路を使った実験でも、豊かな環境で育てられたラットの方が良い成績を収めました。

二つの実験について考えてみましょう。

前者の視覚遮断実験は、生後間もない時期に適切な刺激が与えられないと、使われない脳の神経細胞が退化してしまうことを示しています。皆さんも、先天性白内障の患者さんが成人してから手術を受けてもよく見えるようにならない、という話を聞いたことがありませんか。

ただし、これも「オオカミ少女」の話と同じで、刺激の遮断という極端な状況を設定した実験です。これをもって、学習の時期を限定した早期教育が必要、というのはやや飛躍がすぎると私は考えています。

後者のラットの実験はどうでしょう。これを人間に当てはめれば、より刺激の多い豊かな環境に乳幼児を置いた方が、脳が発達すると言えそうです。

ただし、これには大きな問題があります。

このとき実験に使われたラットは日齢（生後）二一～二四日で、その後三〇日間異なる環境で育てられたあと、日齢五〇日で解剖が行われています。ラットは通常日齢四五日で繁殖可能となります。つまり、この時期はラットにとっては乳幼児期ではなく、少年期から成人するまでの期間にあたることになります。

後にグリーノーは、一歳（ラットとしては老年にあたる）のラットで同じ実験を行いましたが、やはりシナプスの数に差が出ています。

動物実験の問題点は後述しますが、早期教育の根拠とされるこの実験は、時期の設定が人間とは違う点に注意が必要です。成育環境と脳の発達の関係を見る上では意味があっても、乳幼児期の脳への影響を考えるには不適当ではないでしょうか。

なお、これらの実験についてもっと詳しく知りたい方は、榊原洋一さんの『子どもの脳の発達 臨界期・敏感期』（講談社＋α新書）を参照してください。

さて、ここまで紹介した実験は、ネコやラットを特別な環境に置き、脳や行動の変化を調べたものですが、次の二つは、人間の赤ちゃんの認知能力の高さを示す実験です。

言語、視覚の臨界期に関する実験

まずは、「L」と「R」を聞き分ける実験です。

スウェーデン、アメリカ、日本の三カ国の赤ちゃんを対象に、音韻（言葉の音）の違いをどの程度認識できるのかを調べました。

実験方法など詳細は省きますが、生後直後には、三カ国すべての赤ちゃんが、「L」と「R」を聞き分けることできました。ところが、生後六カ月になると、日本の赤ちゃんにだけ、「L」と「R」を区別できない子が多くいることが分かりました。

もう一つ、赤ちゃんの視覚情報の認識に関する実験を紹介しましょう。

人間の赤ちゃんに、ヒトとサルの顔を見せて、その違いを判別させます。すると、生後六カ月の赤ちゃんは、ヒトだけでなくサルの顔もそれぞれ区別します。つまり、大人には同じように見えるサルの顔の違いを、一匹ずつ認識しているのです。

ところが、生後九カ月になると、ヒトの顔は微妙な違いでも識別できるのですが、サルの顔は「サル」と、ひとまとまりでしか認識できないようになるそうです。

この二つの実験は、それぞれ脳の「聴覚野」と「視覚野」の臨界期の開始時期をほぼ明らかにしていると言えます。

そして、この二つの実験結果から見えてくるのは、赤ちゃんの脳が生きていく上で、本人にとって不要な能力をどんどん捨てていっているということです。

前者に関して言えば、日本語環境のなかで「L」と「R」を聞き分ける必要はありませんから、その能力は消失していくのでしょう。でも、この実験結果だけを見て、「六カ月前に英語を始めないとネイティブになれない!」などと勘違いしないでください。大人になってから「L」と「R」が聞き分けられるようになる科学的なトレーニング法も開発されています(「ニューズウィーク日本版」二〇〇四年七月七日号)。

後者については、サルの顔が区別できなくても生活に支障はありませんが、人間の顔が見分けられないと生きていく上でたいへん困難が伴いますので(特にお母さんの顔)、サルの顔を区別する能力は消失していくのでしょう。

ここに「臨界期」の大きな意味があります。

本来、生物にとっての「臨界期」とは、「生物が環境に適応するために脳が柔らかい状態で生まれ、それぞれの環境に合わせて生きていけるように脳の機能を柔軟に作り替え、それを定着させることのできる時期」のことです。この「環境に合わせて生きていける」が重要なのであり、算数や英語といった知能を強化することのみに与えられた能力ではありません。

ところが、今の行きすぎた早期教育の風潮は、人間の発達の一つの側面であるに過ぎない「臨界期」を、「教育的効果の高い時期」といった狭い範囲で捉えているように感じられます。

その一例を次に取り上げてみましょう。

早期教育をめぐる言説

北海道大学の澤口俊之さんは、『幼児教育と脳』（文春新書）の中で早期教育（著書では「幼児脳教育」）の必要性を説いています。そのいくつかを引用してみましょう。


「音楽的知性を育てるには、それ相応の適切な環境が必要である。良質な音楽を（〇歳児のころから）絶えず聞かせるといった環境である。楽器を演奏することも大切だ。このようにすればいわゆる『絶対音感』も獲得することができる」

「赤ん坊でも良質の絵画に囲まれれば、ピカソもモネも理解しその影響は脳内に刻まれるはずだ」

「かりにあるスポーツの優秀な選手に育てたいなら、幼少期（〇～八歳、遅くとも一二歳まで・筆者注）において、そのスポーツの少なくとも基礎はきちんとおしえるべきだ」
「もし、『真の』マルチリンガルに育てたいなら、幼少期に母国語の他に外国語の環境にさらすことが必須となる。もちろん、ネイティブの外国語環境である。英語なら、ネイティブ英語を話す人が身近にいることがベターだ」

マルチリンガルとは、三つ以上の言語を話す人のことで、『真の』マルチリンガルとは、「生後から八歳までに複数のネイティブ言語の環境に育った人」のことを指しています。

おそらく皆さんも、早期教育に関してほぼこれらの内容に近いことを、見聞きしたことがあるのではないでしょうか。

巷に流布するこういった文言に触発されて、今から始めないと間に合わないと焦り、いやがる子どもを無理やりピアノ教室や英会話教室に入れた親御さんもいるかもしれません。

確かに「オオカミ少女」の一件や、仔ネコの視覚遮断実験から、極端な刺激の遮断は脳の発達障害を招くことは分かります。しかし、最低限どういう刺激がどれだけあれば脳が正常に発達するのかはまだ分かっていません。ましてや、早期教育によって子どもの能力を伸ばすのに、どういう刺激がどれだけ必要なのかも分からないのです。

確かに乳幼児期の発達には目を見張るものがあります。だからといって、普段の生活とはかけはなれた極端な教育を行うことは、科学的な効果が立証されていないだけに、非常に危険です。

さらに科学万能主義への疑問もあります。

脳科学からのアプローチの重要性は、大人の勝手な思いこみによる育児環境の誤った解釈を防ぐためにも、今後さらに高まってくるでしょう。例えば自閉症やアスペルガー症候群、学習障害（ＬＤ）などの発達障害において脳科学の発展は欠かすことができません。しかし、だからといって脳科学が乳幼児の行動のすべてを説明できるものではなく、子どもの発達は、究極的には、その子どもを通してしか見ることができないと私は思っています。

さて澤口さんは、著書の中で、子どもが「得意とする知性」を発見し、「熱中することや喜ぶことをさせる」ことが大切であり、そうでないなら「英才教育などしない方がましなくらいだ」とも言っています。

また、「ＩＱ偏重の英才教育」は無意味で、「幼児教育の『基本』は多重知性（ガードナーの多重知性理論をもとに澤口さんが提唱する、人類が持つ基本的な八つの知性のこと・筆者注）の各々をまんべんなく育てることにある」とも言っています（「特定の知性を英才教育で伸ばすことも考えるべきだ」とも言っていますが)。

最初に紹介した引用部分だけでなく、ここまで読めば、単純に「絶対音感」や「ネイティブのような英語力」を育てる重要性を説いているわけではないことが、分かるでしょう。

しかし、現実には「ネイティブのような発音が身につくのは八歳まで!」という非常にセンセーショナルな、親御さんの心に強く響くような部分だけが一人歩きをしています。

前にいくつか紹介した、ネコやラットの実験の一部や、澤口さんのような専門家の言葉の一部が、誇張されてメディアを通じて広まり、早期教育ブームにつながっていったとも言えそうです。もちろん、早期教育をビジネスとする人たちが、宣伝文句として意図的に切り取って流したという側面もあるでしょう。

しかし、そもそも教育関係者や子育て中の親は「臨界期」という概念を必要としていたのでしょうか。科学者から「臨界期」についての研究が発表され、その「学習効果」が伝えられたために、子どもそっちのけで様々な議論が起こり、今日に至っているのではないでしょうか。

では、脳科学の専門家らは、「臨界期」についてどう考えているのでしょうか。二〇〇二年に発足した「脳科学と教育」研究に関する検討会で出された専門家の意見を紹介します。その前に、検討会発足の簡単な背景を説明しましょう。

臨界期に対する専門家の意見

一九九七年、アメリカのヒラリー・クリントン大統領夫人（当時）が、「子どもの脳をうまく発達させるための教育」というシンポジウムを開催しました。講演の中で、ヒラリー夫人は、「貧しい子どもたちへの緊急を要する対応」として、「三歳まで」という具体的な時期について言及しました。

その背景には、以前からアメリカで大きな問題になっていた、子どもの学力低下や問題行動の増加がありました。

二〇〇二年にパリで行われたOECD（経済協力開発機構）の基調講演では、ローラ・ブッシュ大統領夫人が、フォーラムのテーマ「安全」「平等」「教育」「成長」はどれも重要としつつ、『教育』がすべての要《かなめ》である」と述べ、「教育」の重要性を強調しました。

これらの発言を受けて、ヨーロッパなど先進国では「教育」への関心が急速に高まり、特に「脳科学と教育」への取り組みが一層強化されました。

また、一九九七年以降、ニューズウィーク日本版の『0歳からの教育』『0歳からの教育&4歳からの学習』『新・0歳からの教育』が立て続けに出版されたことから、日本での脳科学ブームに火が付いた格好となりました。

こうした国内外の動きをへて、日本では文部科学省による「脳科学と教育」研究がスタートしています。これは脳科学者や教育関係者、医者、心理学者などが集まり、日本の子どもたちの発達を科学的に調査・研究する検討会です。

私もメンバーの一人として参加していますが、検討会では「臨界期」に関する様々な意見が出されました。それを次に紹介しましょう。

＊感情・情動の発達のようなものでは、環境の質によっては臨界期も変わってくるのではないか。実験により単純化すれば結果は出るが、人間は非常に複雑であり、環境の質を構造的にどう捉えていくかが重要。

＊発達における臨界期については、いかに良い環境を作ればより良く発達するかということが環境の質と教育との関係で問題になることだと思うが、大して努力をしなくても自然に発達する部分と、非常に努力をして環境を整えることで変わっていく部分との差異を冷

静に考えることが必要。
＊人の高次機能の感受性期（臨界期）が明らかになるかどうかについても分かっていない（略）。人の感受性期は慎重に考える必要がある。
＊一般のお母さんにとって、感受性期（臨界期）は切実な問題。（略）感受性期という言葉を出すことには危険性がある。一般のお母さんに不安をもたらす原因となるので、言葉そのものを出すか否かについて慎重に検討すべき。
＊子どもたちを良くするということだけでなく、子どもをより理解するということがまずあるべき。
＊障害についても同様であり、障害を良くするというよりも、理解することに脳科学を役立てることがまずは重要。

（文部科学省のホームページより抜粋）

このように専門家の間では、人間の多様性と今日の育児環境、脳科学研究の現状をふまえ、「臨界期」など脳科学と教育の問題には、慎重に取り組むべきという意見が多く聞かれます。
その理由は、先述した「臨界期」が教育的効果においてのみ捉えられる風潮への懸念と併せ、研究の方向性や手法に課題が残っているためです。

四つの課題

1　個人差をどう扱うか

「確かに差があり、それが偶然に起こったものではないということを検討した統計学上の差」を「有意差」と言います。科学の比較実験における「差」とは、基本的に統計学的な処理をへた「有意差」のことを指します。平たく言えば、間違う確率が五％以下であれば、統計学的には「有意差がある」ということになります。

ところが、赤ちゃんを研究する場合、「有意差」の有無だけで片づけていいのかという問題があります。なぜなら、必ずと言っていいほど白黒がはっきりつかないグレーゾーンが存在するからです。

一つの実験を紹介しましょう。

これまで私は、健常児と障害児（先天性）の運動の比較をする観察をいくつか行ってきま

図1

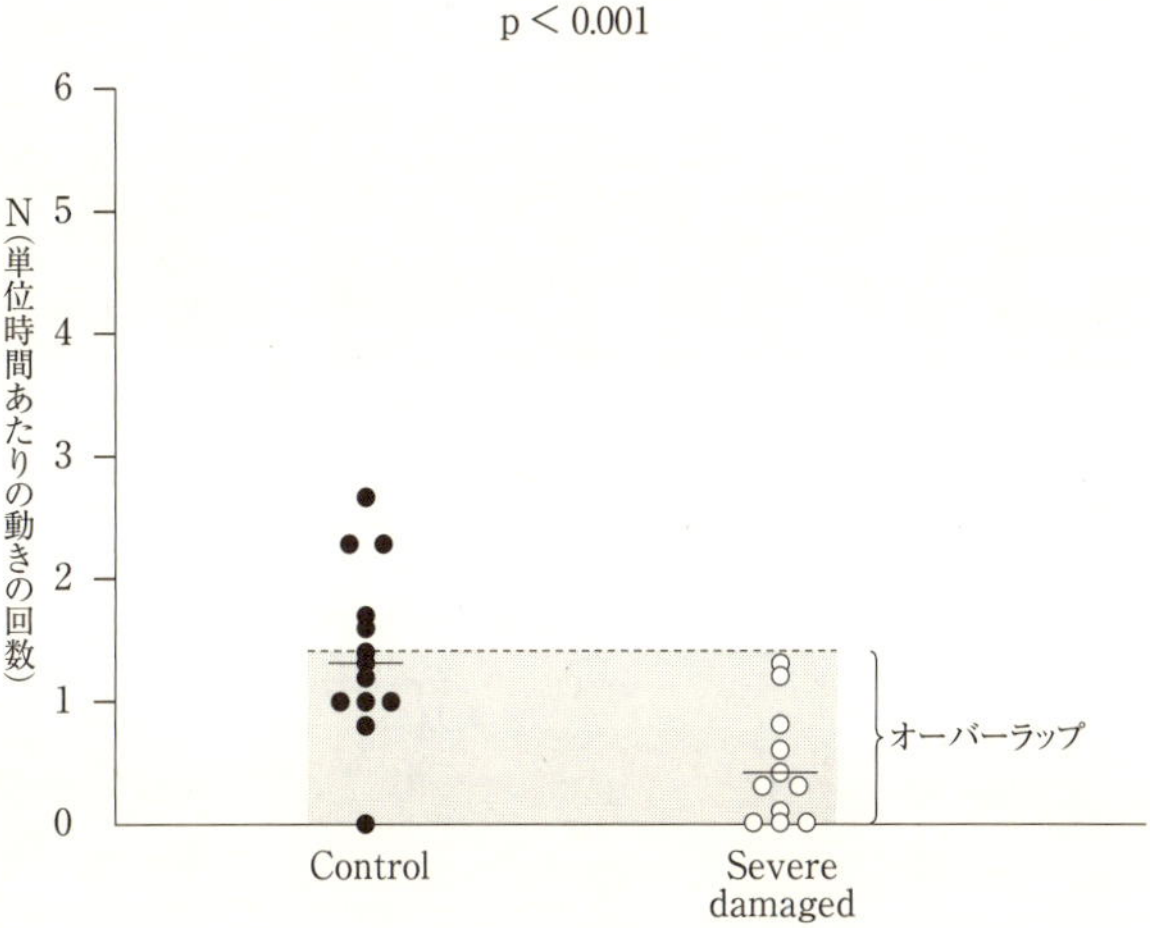

した。図1はそのうちの一つです。

図の見方を説明しましょう。

左側のControl（黒い丸）が健常児の、右側のSevere damaged（白い丸）が障害児の運動で、それぞれ赤ちゃんが五本の指を無作為に動かす回数を数え、数値化したものです。図1の「P＜0.001」は、間違う確率が〇・一％以下という意味です。つまり九九・九％以上の確率で差があるということを示しています。先ほど間違う確率が五％以下、すなわち正しい確率が九五％以上であれば、有意差があると書きました。ですので、九九・九％以上というのは、両者の運動の間にかなり明確な有意差があると言うことができます。

この実験では、健常児と障害児には運動の回数に差があり、健常児は複雑な動きを、障害児は単調な動きをしていることが分かりましたが、同時に、図の中にオーバーラップ（共通）している部分があります。このように、人間を被験者とした実験の場合、「共通部分」が検出されることがよくあります。

特に、人間の赤ちゃんや子どもには、「個人差」や「個人の中での差」が顕著に表れます。「個人の中での差」とは、実験日の体調や時間帯、睡眠状態、おなかの空き具合などによる個人の中のデータのばらつきです。

また、赤ちゃんや子どもは、実験者のいうことをそう簡単には聞いてくれませんから、じっとしてもらうのに一苦労です。

私がオランダのフローニンゲン大学に留学したときの恩師であり、発達神経学で有名なプレヒテル教授は、「人間の研究は個人差を重要視しなくてはならない」と繰り返し語り、子どもの実験や調査の結果を一括りで論じることに慎重な姿勢を崩しませんでした。

再び図1を見てください。この実験では、健常児と障害児の間に有意差が見られました。ところが、どちらが健常児でどちらが障害児かを隠して図を見ると、両者の区別はつかなくなります。

つまり有意差があっても完全に違うわけではないのです。確かに健常児は指をよく動かし、障害児はあまり動かしていませんでした。しかし、指の運動だけを見て、健常児か障害児かを分けることはできません。逆は必ずしも真ならず。つまり差はあっても、そこですべてが分けられるわけではないのです。これについては、第五章で興味深い実験を紹介し、検証したいと思います。

2　動物実験の結果をそのまま当てはめられるか

私が事務局長を務める赤ちゃん学会の学術集会で、あるお母さんからこのような質問がありました。

「動物実験の結果は、そのまま人間にも適用できますか？」

学者にとっては耳の痛い、また非常に的確な質問です。前にラットの実験のところで述べたように、動物を使った実験の結果をそのまま人間に適用することには難しい部分がありま す。しかもそれを人間の学習や発達と結びつけるのには少し飛躍があります。

動物を実験に使う理由は、人道的に不可能な環境を設定できる、設定そのものが簡単であるなど、人間では実験できない部分を補うためです。ですからラットの知能があがったから

図2　未熟児（37週目）の指の運動

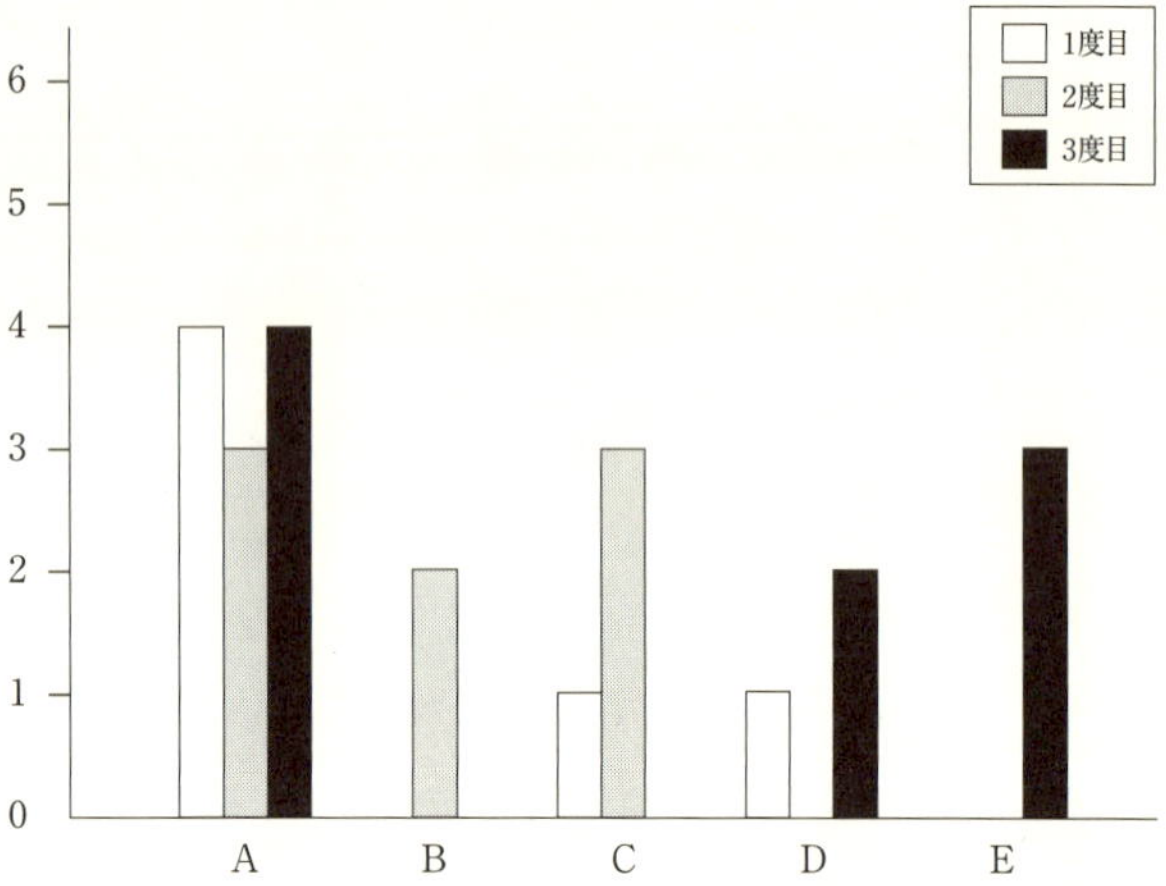

といって、我が子と比較したり、気にしたりする必要はないと私は思います。

二つの実験から人間の実験と動物実験の違いを説明しましょう。

図2の実験は、人間の赤ちゃん（未熟児）の指の運動の複雑さを表しています。

この実験では、一人の赤ちゃんが同じ全身運動を行ったときの指の運動を三度に分けて、それぞれ一分間ずつ観察し計測しました。

一度目の観察は白、二度目はグレー、三度目は黒の棒グラフで表しています。A、B、C、D、Eは、赤ちゃんの指の運動の種類です。例えば、Aは二〜三秒間手を握ったままの状態、Bは指一本か二本の動き、

Cは二〜三秒間手を開いたままの状態、などです。その結果、三度とも指の運動の内容が大きく異なることが分かりました。先ほど「個人差」について触れましたが、これは「個人の中での差」を表しています。もし赤ちゃんの運動を調べる場合、三度のうちどこをとるかによって結果が変わってくるわけです。

二つ目の実験は、生後六カ月から一二カ月の人間の赤ちゃんとサルの赤ちゃんの「短期記憶」を比較したものです。

まず、実験者は赤ちゃんと向かい合って、赤ちゃんの目の前に玩具を一つ置きます。赤ちゃんが玩具を見たら、一方のコップで玩具を隠し、もう一方のコップはそのまま伏せます。次に、実験者と赤ちゃんの間に衝立《ついたて》を立て、赤ちゃんから二つのコップが見えないように隠します。しばらくしてから衝立をはずし、どちらのコップに玩具が入っているかを赤ちゃんに当てさせます。そして、徐々にコップを隠す時間を長くしていき、正答率の変化を見ました。同時にビデオ撮影も行い、実験の様子を観察します。

サルの赤ちゃんに対しては玩具のかわりにエサを用いて、同じ実験を行います。

人間とサルの赤ちゃんでは指標が異なるため、同じ図の中に結果を表示することはできませんが、時間的な変化を比べてみると違いが明らかです（38ページの図3）。

図3　人間とサルの赤ちゃんの短期記憶の実験

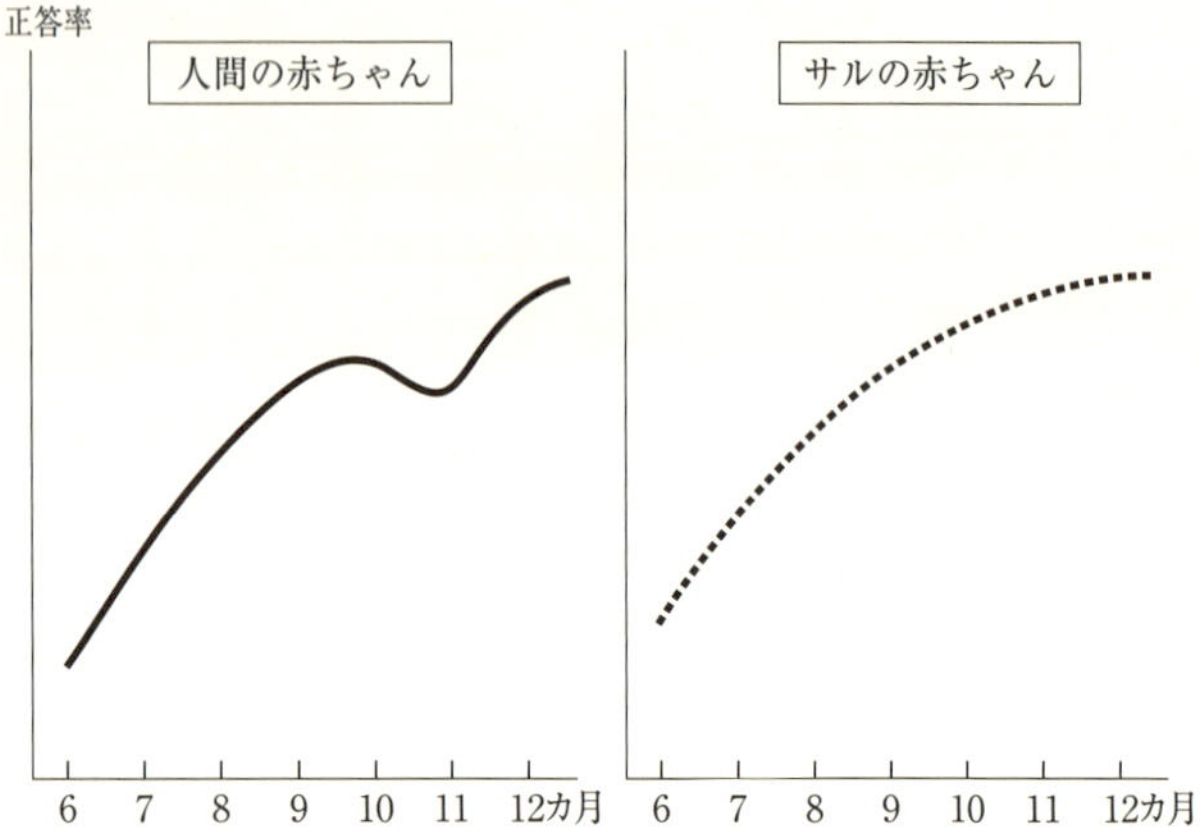

小西行郎未発表データより

サルの赤ちゃんがゆるやかな上昇曲線をたどるのに対し、人間の赤ちゃんは、生後一〇カ月〜一一カ月の間に急に正答率（記憶力）が低下し、その後、再び上昇しています。

両者の違いの理由は、実験の様子を撮影したビデオから分かりました。短期記憶に変化のあった生後一〇カ月から一一カ月頃の人間の赤ちゃんは、実験中によそ見をしたり、衝立を揺らしたり、実験者の顔をのぞき込んだりして、実験そのものへの集中力が途切れています。一方のサルは、衝立をしている間、部屋中を走り回ったりしていますが、エサの位置からは目を離しません。

人間の赤ちゃんは気分や意欲で実験に参加するかどうかを決め、一方のサルは実験者や実験の内容には興味がないが、実験の材料（エサ）には興味があることが分かりました。マウスやラット、オウム、犬、サルなど、動物を使う実験は、人間に様々な恩恵を授けてくれました。特に、臨床医学における実験の数々は、人間を苦しめる多くの病気のメカニズムの解明につながり、その結果、新薬が開発され、私たちは多くの病気を克服するに至りました。しかし、人間と動物は遺伝子、寿命、脳の仕組みなど生物学上の違いがあり、すべてにおいて適用できるわけではないのです。

それを証明するような発見が、理化学研究所などで構成される国際共同研究チームによって、科学雑誌「ネイチャー」に発表されました。

「はじめに」でも触れましたが、チンパンジーの二二番染色体と人の染色体を比較したところ、生命の設計図と呼ばれるヒトゲノムの塩基配列が約五％も違い、それをもとに作られる遺伝子も八割以上で違っていたのです。

当初は、塩基配列の違いが、一％程度と思われていただけに、約五％の差は非常に大きく、研究に参加した研究者たちは、「両者は進化の隣人と呼ばれるが違いは想像以上に大きい。ヒトへの進化をもたらした遺伝子の解明は簡単ではない」（二〇〇四年五月二七日付け「毎日新聞」より）と語っています。

3　人の脳機能に影響を与える因子は多い

脳科学の問題点の三つ目は、複雑な脳機能の一部分だけを取り出して研究しているケースが多いということです。

私たち人間は、ある決まった器官だけでなく、目、耳、口、手など、様々な器官からいろいろな情報を得ています。そして複数の情報を複雑に組み合わせて日々の社会活動を営んでいます。

見る、聞く、触るなどの基礎的な感覚よりもさらに複雑な、思考、意識、知覚、認知、記憶、判断、意志決定、情動といった高次の機能を担う脳の仕組みがあります。これは、専門的に「高次脳機能」と呼ばれます。

現在、高次脳機能研究には、分子生物学や発達神経学、生理学、医学、コンピュータ工学、脳科学など、ありとあらゆる自然科学、人文科学の研究者が取り組んでいます。

例えば皆さんが誰かと向かい合って話をしているとしましょう。皆さんは相手の話（情報）を、言葉の直接的な意味だけでなく、目で見た相手の表情や仕草、服装、耳で聞いた声色などを含めて判断し、理解しています。

一部の臨界期説では、ある特定の機能（例えば見る、聞くなど）と脳のある部分との関係を結びつけ、どうすれば学習効果があがるのかと論じられています。しかし、人間の活動は、脳の複数の機能を同時に使うものがほとんどなので、一つの機能だけを取り出して論じるのは無理があると思います。

4　脳の機能的イメージングは万能ではない

図4を見てください。このような画像をどこかで見たことがありませんか。これは、超高速ｆＭＲＩ（機能的磁気共鳴描画）という装置を使って、人間の脳の活動状態を観察したものです。図の矢印は、運動を司る「運動野」と言われる部位を示しています。

図5は、手指や足指、舌に、ブラシで軽くこするというような自然な刺激を与えたときに、脳の部位がどのように活性化するかを超高速ｆＭＲＩで捉え、活動の様子を観測したものです。図の説明の「体性感覚野」とは、身体の各部分から感覚情報を受け、処理する部位のことです。

このように、機械装置を使って脳の活動状態を計測することを「機能的イメージング」と

図4　超高速 fMRI による運動野と体性感覚野の活性化の観測

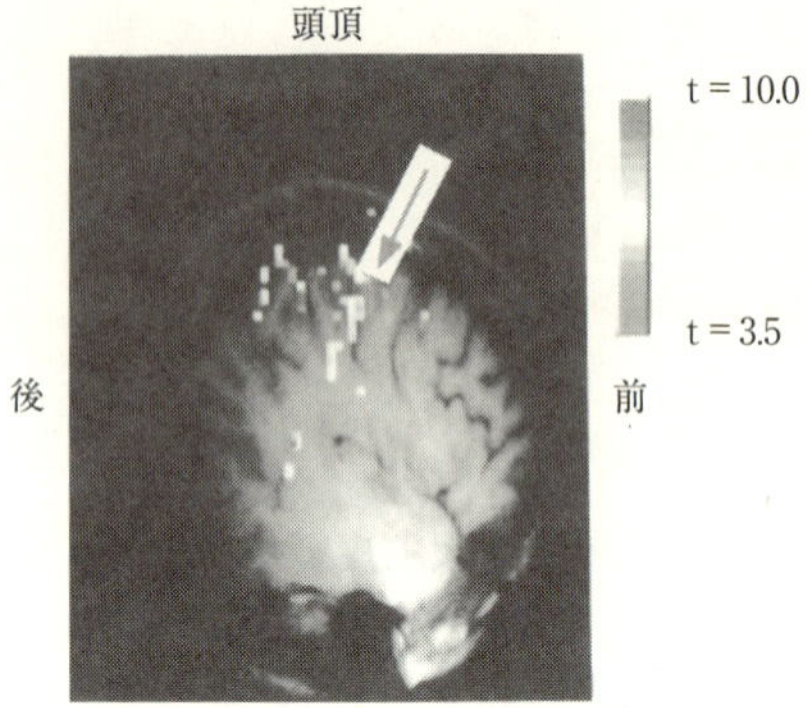

図5　超高速 fMRI による自然刺激時の体性感覚野の活性化の観測

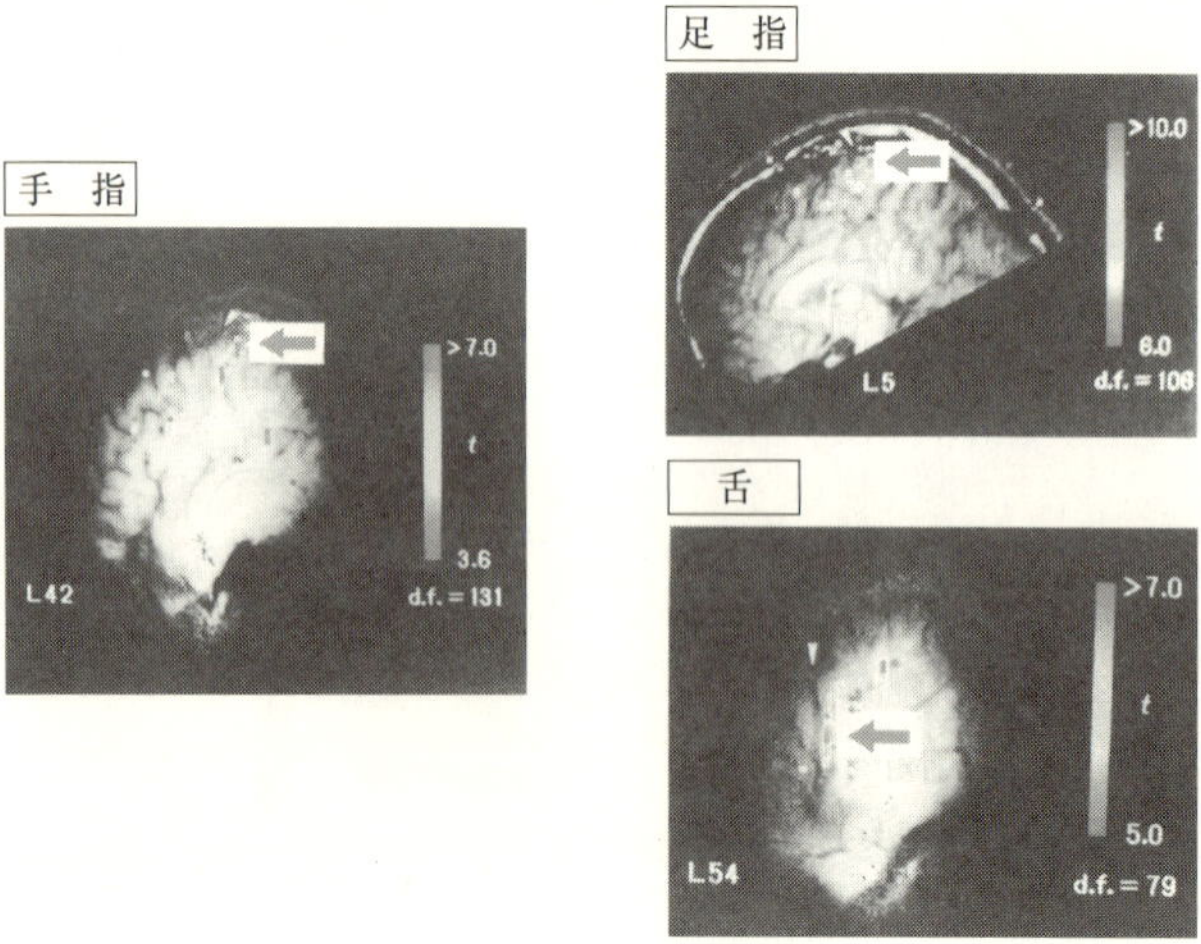

いずれも『応用物理　第65巻　第8号「核磁気共鳴で高次脳機能を見る」』小泉英明、板垣博幸、小野寺由香里、尾藤良孝より

図6　脳神経システムの概念図

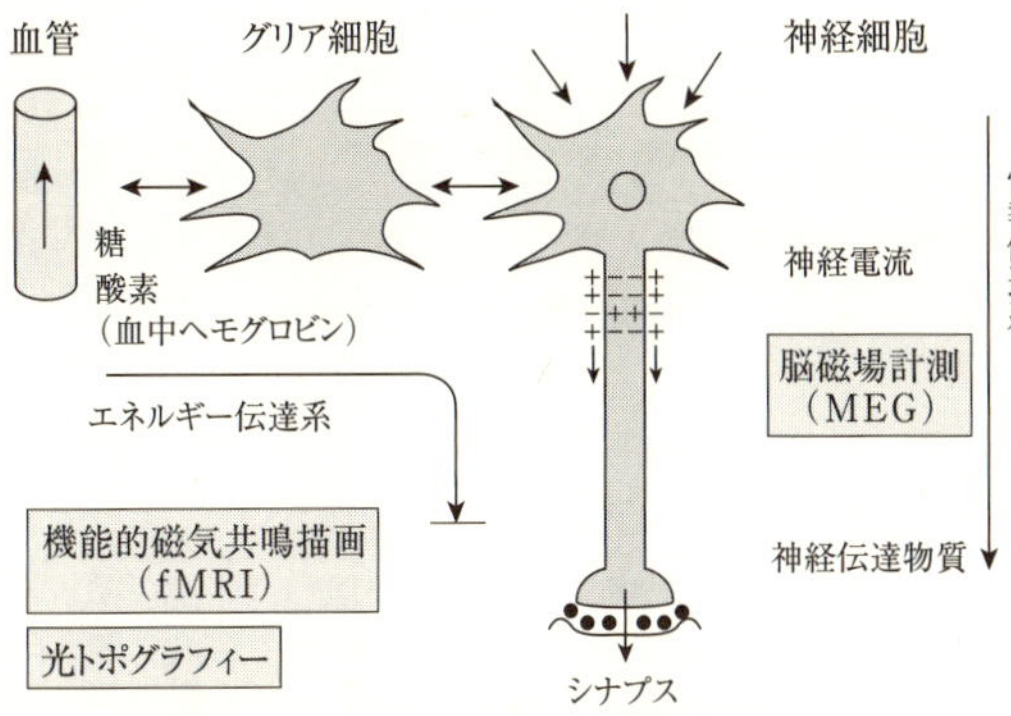

図7　光トポグラフィーによる運動野活性化の観測

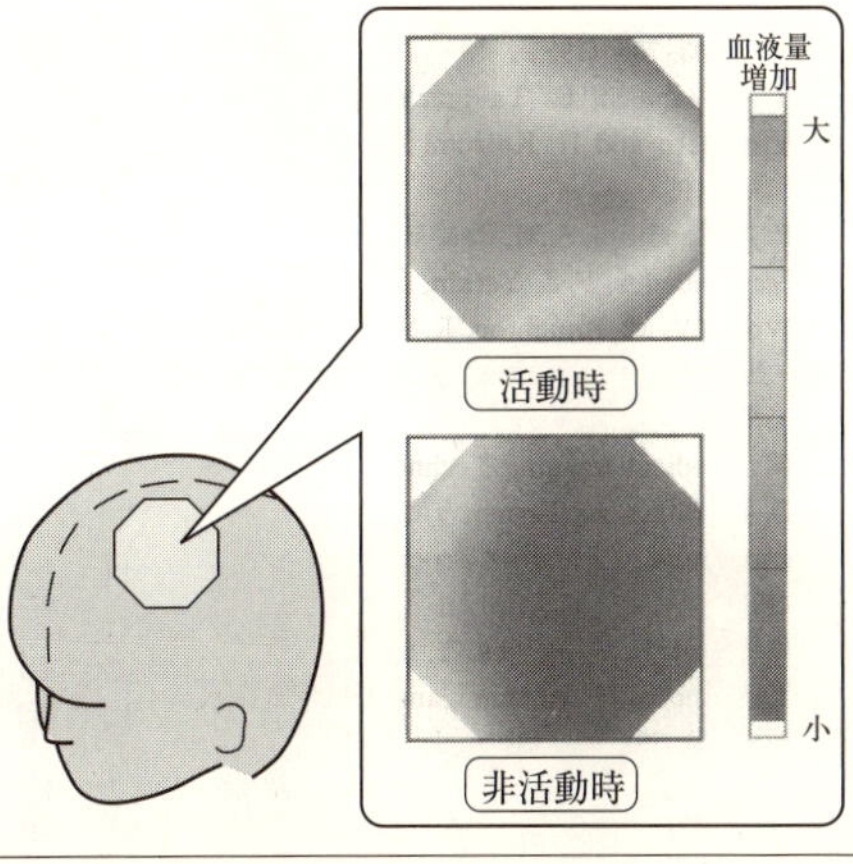

呼びます。これにはいくつかの原理（技術）があります（図6、7も参考にしてください）。

第一は、「脳波計」や「脳磁場計測（MEG）」です。

脳にたくさんある神経細胞は電気信号によって情報の伝達をします。この電気現象を捉えて脳の活動を測定する方法が「脳波計」です。「脳磁場計測」は、脳に流れる微量な磁場を記録します。

第二の「ポジトロン断層法（PET）」は、簡単に言うと、脳が活動したときに増える局所脳血流量を測定する方法です。

第三の「fMRI」は、脳血流と酸素代謝のバランスの変化を捉えることができるという特徴があります。

第四の「光トポグラフィー法」は、近赤外光によって、酸化型ヘモグロビンの変化と還元型ヘモグロビンの両方を測定し、局所脳血液量の変化を、ヘモグロビン全体の変化量として測定することができます。

少し難解な説明になりましたが、PETやfMRI、光トポグラフィー法などの画期的な点は、「ある刺激に対して脳のどの部位が反応を示すかを生体の状態で可能にした」ことにあります。

これまで脳を調べるには、脳に重篤な疾患のある患者や精神病患者の死後に解剖をするしか方法がありませんでした。しかし、脳測定の技術が飛躍的に進歩したお陰で、被験者が生存したままの状態で、何らかの運動や精神活動を行っているときの脳の活動状態を調べることができるようになりました。

しかし、これらの方法にも一長一短があります。脳波や脳磁場計測は空間把握が苦手ですし、ＰＥＴやｆＭＲＩは、空間解像には優れていますが時間の分解能が少々劣ります。また、光トポグラフィー法は、安全性と手軽さから子どもに向いていると言われますが、空間の分解能に少し難点があります。

脳機能イメージングは、いくつかの方法を組み合わせることが理想で、その組み合わせ方にも注意を払う必要があります。現段階では技術そのものが完璧ではないのです。

ですから、脳の機能的イメージング研究は、赤ちゃんや子どもを実際に「見る」こととセットで行うことがより望ましいと、私は思っています。脳の機能と赤ちゃんや子どもの発達の様子を長期的に見て、はじめて脳のメカニズムは検証可能といえるのではないでしょうか。

「脳機能イメージング」がもたらしたもの

イメージング研究の発展は、お年寄りに対する私たちの考えにも少なからず影響を与えているようです。

ある市と国立大学の共同プロジェクトで、お年寄りに簡単な計算や音読をさせると、物事を判断する役割を持つと言われる脳の前頭前野が活性化され、脳機能の老化を防ぐ効果があったという記事が、二〇〇四年五月にある地方紙に掲載されました。

学習に参加しなかった高齢者との比較では、参加しなかった高齢者の脳の機能に低下の傾向があったのに対し、学習を続けた高齢者のほとんどに脳の機能の上昇が見られたというものです。また、お年寄りの表情や会話、歩行も改善されたと言います。

これまで折に触れ「見る」ことの重要性について書いてきましたが、見ることは「客観性」につながるだけでなく、「誰かから注目されること」による効用をもたらす場合があります。

例えば、障害者のケーススタディでも、いつになく優しい看護師たちの対応に、ケースの対象となった障害児の表情や言語が劇的に変化することがあります。

お年寄りの読み書き計算のプロジェクトでは、被験者のお年寄りが普段とは違う周囲の対応や新鮮な学習に感化され、表情の改善や歩行の機能向上につながった可能性も否定できません。つまり学習のみによって、脳機能が上昇したとは言い切れないのです。

老人ホームや障害者施設では、普段から入居者に注目しているでしょうか。彼らと同じ目線で語りかけているでしょうか。このようなことも、脳機能の改善やそれに伴う表情や会話の変化をもたらすように思います。「人の脳機能には影響を与える因子が多い」でも述べましたが、一つの機能の有効性だけを見るのではなく、総合的に見る必要があることを、このプロジェクトの結果は教えてくれているのではないでしょうか。

さて、今後日本は、これまで直面したことのない高齢化社会を迎え、私たちにとって痴呆は深刻な問題となります。しかし、イメージング研究で学習効果が見られたからといって、脳機能の老化を防ぐという目的のために、お年寄りに読み書き計算をさせることが、本当にお年寄りの幸せにつながるのでしょうか。

お年寄りの役割は、長い人生で得た経験や知恵を次の世代に引き継ぐことだと私は思います。何より、人生の先輩であるお年寄りに対し、尊敬や敬愛の念を持って接することが重要ではないでしょうか。

お年寄りに読み書き計算をさせるのも、生まれて間もない乳幼児に過度な刺激を与えるのも、脳への「学習効果」に期待を寄せたものだと思いますが、それには学ぶことの意味や生きることへの尊敬の念が抜け落ちている気がするのです。

ここまで脳科学研究の方向性や手法の課題について検証しました。次に、子どもの発達との向き合い方について考えていきましょう。

「やればできる」という幻想

人間の知性や性格が親から遺伝的に受け継がれたものなのか、それとも後天的な環境因子によって培われるものなのか、これらは「生得説」と「学習説」といわれ（「環境説」と「遺伝説」とも言います）、科学者の間でも長年論じられてきました。

狼に育てられた子どもを育てるという体験をしたシング牧師にとって、カマラとアマラとの出会いは、人間の「遺伝」と「環境」の重要さを認識する体験でした。

彼は、もし人間が、遺伝によって人生のすべてが決定されてしまっていたら、社会的向上のための努力への意義が薄れるだろうと述べています。

シング夫妻にとって、アマラとカマラの存在は、学習や環境の重要性だけでなく、私たち人間が発達とどう向き合うかを感じさせるものだったのかもしれません。

今日、「生得説」の強調は人間の可能性に制限を加えるという側面を持つからか、「学習説」が優位に語られているように思います。有名なイギリスの哲学者、ジョン・ロックは、タブラ・ラサと呼ばれる、「人間は生まれたときは白紙の状態である。学習や体験によって知識は得られる」という人間観を提唱し、早期教育はこの考えを全面的に支持しています。しかしこれは、人間の発達の一つの側面を示しているに過ぎません。

そもそも「乳幼児期からがんばれば、優秀な人間に育つ」というのは本当でしょうか。

確かに、「学習説」は、人間の多くの可能性を期待させてくれるものではありますが、「誰でもそうなのか」というと、それは一種の「幻想」ではないかと思うのです。

例えば、前に紹介した澤口さんは、親が子どもを優秀なスポーツ選手に育てたいのなら、『巨人の星』に登場する星一徹（飛雄馬の父）や、日米通算二〇〇〇本安打を達成した大リーガー、イチロー選手の父チチローの教育方針は非常に参考になると言います。

しかし、このような見解は、乳幼児期でも、教育さえすれば必ず効果があがるという、「臨界期」への誤解を招く恐れがあります。

チチローのように幼い頃から子どもに野球の英才教育を施せば、第二のイチローが生まれるのかもしれません。その可能性を否定することはできません。しかし日本にはイチロー登場以前から、チチローのようなお父さんはたくさんいたはずで、何もチチローだけが野球の英才教育を行い、イチローが誕生したわけではありません。日本中に数万人ものチチローのようなお父さんがいて、ようやく一人のイチローが生まれたのです。とすれば、チチローの教育効果以前に、本人の生得的な素質を無視することはできません。

そのことを無視して、一つのことに的を絞った極端な教育は、他の知性とのバランスを崩す可能性もあります。さらに、途中で挫折した場合のダメージは、親子ともに非常に大きいであろうことが予想できます。特に、ほとんど一つのことしかやってこなかった子どもは、その後、何を拠り所にして生きていけばいいのでしょうか。

子どもへの期待を捨てろと言っているのではありません。ただもし、「臨界期」が、生物が環境に適応するために、私たちが祖先から引き継いだ生得的な知恵だとすれば、生得的な要素をうまく利用することも、人間の成長に何かしら恩恵を与えてくれるものと私は思うのです。

赤ちゃんの先天的な能力

例えば言語は、後天的な要素、つまり環境がすべてのように今日では考えられていますが、生後二、三カ月から一歳くらいまでの赤ちゃんに共通してみられる「クーイング」(「アーアー」「ウーウー」などの発語)や、「パパ」「ママ」といった最初の言語は、生得的なものと言われています。親の話す言語に関係なく、全世界共通の「言語」だからです。そしてこれは、「言葉の始まり」であるだけではなく、親を喜ばせ、庇護を受けるための赤ちゃんの戦略でもあります。

もう一つ、重要な生得的能力に、赤ちゃんの「能動性」があります。

生後一カ月半から三カ月頃の赤ちゃんは、自分の顔を手で触ったり、指しゃぶりをしたりします。四カ月頃になると手と手を合わせるしぐさが、五、六カ月になると自分の手を足に持っていくしぐさや、グーにした手を口に無理矢理入れようとするしぐさが見られます。さらに、手で足を触ったり、足を口に入れたりするようになります。

このようなしぐさは、胎児期からすでに始まっています。生後と同様、胎児は、自分の顔(頭)、身体、手、そして足の順番で自分の身体を触り、指しゃぶりをします。

さて、胎児期から新生児期にかけて、彼らは、「手」や「口」で身体中を触り、何をしているのでしょうか。これは、おなかがすいているのではありません。「口」や「手」が触覚器官となって、「自分の存在」を確かめているのです。

同じ頃、赤ちゃんは聴覚や視覚も発達させていきます。「舐める」「触る」行為は、赤ちゃんが身体で感じとるものですが、「見る」「聞く」は、赤ちゃんが自分から離れたものを認識する行為です。つまり「自分の存在」を確認しながら「目」や「耳」を使って他者や周囲の世界に興味を持ち、認識し、積極的に関わろうとしているのです。これに歩行が加わって、近くのものから遠くのものを認識するようになります。

赤ちゃんは、「自分」がどういうものなのか、周囲にはどんな世界が広がっているかを、数年かけて、ゆっくり確認しているのです。これは、人間が社会的生き物と言われる所以《ゆえん》であり、人間が社会性を獲得するための生得的な知恵ということになるでしょう。

さて、一連の行動で興味深いのは、赤ちゃんが「大人が与える刺激によって反応する」だけでなく、「自分でも積極的に世界を見よう」としていることです。人間の感覚はすべて、「能動的なもの」と「受動的なもの」という「対」で存在しています。そして重要なのは人間が自発的に刺激の選択をし、自分の意志や興味で周囲と関わることです。

東京大学教授の汐見稔幸さんは、乳児期を、人間の認知システムの内的な構成という視点から考えると、①世界がどうなっているか、②世界を把握するにはどうすればいいかという二つのことが作られている時期だと言っています。そのため、「乳幼児が能動的に五官と身体を駆使して対象に働きかけ、対象からの反応を受け取りながら、対象を認識していくということが不可欠である」と述べています。

臨界期説では周囲の環境が大切だと言われます。しかし人間は他人との相互作用によって何かを学び、成長する生き物ですから、自分から積極的に触ることも大切な発達過程の一つと言えるのではないでしょうか。

ですから私は、そのような発達過程にある赤ちゃんを、ゆっくり気長に見てあげてほしいと願います。

ビデオ教材は有効か

このような発達過程にある乳幼児に、「育脳」効果のあるビデオやＤＶＤといったバーチャル教材は好ましいことなのでしょうか。私は、早期教育を目的とした教材については、少し否定的な考えを持っています。早期教育のためとはいえ、一方的に情報が与えられる状況は、子どもが自分の触覚を使って、自ら世界を広げる力を阻害する恐れがあります。

また、違った面からビデオ教材の有効性を疑う実験があります。

二〇〇三年末に開かれた「赤ちゃん学会」で理化学研究所のヘンシュ貴雄さんが紹介した

もので、あるアメリカの学者が行った、子どものビデオ視聴と言語に関する実験です。

実験室に集められた子どもは、ビデオを見て中国語を学ぶグループと、対話によって中国語を学ぶグループの二つに分けられました。どちらも一日三〇分間、週三日の学習を一カ月間続けました。

一カ月後、対話で中国語を学んだグループの子どもたちは、中国語の発音を区別することができましたが、ビデオだけで中国語を体験したグループの子どもたちは、ほとんど中国語を認識することができませんでした。

ヘンシュさんは、「対話による人との接触によって、子どもの意欲が喚起されたために（対話によって学んだ子どもの方が）、発音が定着したのではないか」と考えています。

他人との会話は、相手の反応を見る、顔色をうかがう、同調する、反発するといったコミュニケーションの学習にも大きく貢献しています。つまり言葉の学習と同時に、社会性を身につけるものでもあります。これはビデオ学習では望めないものではないでしょうか。

早期教育への警鐘

そろそろ本章の結論に入りたいと思います。私が早期教育に疑問を感じる理由を整理してみます。

前述したように、人間の脳は神経細胞同士の結合によって発達します。その神経細胞同士をつなぐシナプスは、胎児期に大量に作られ、遺伝子の発現や学習といった刺激によって数が減り、最終的に大人と同じ量に調整されます。これをシナプスの「過形成」と「刈り込み」と呼びました。

あらかじめ大量に作っておいて減らすというのは、脳の中枢神経が何らかのダメージを受けた場合のスペアで、ある時期から数が減っていくのは、使われない不必要なシナプスが整理されるためだということはすでに述べました。

前述したように、このシナプスを研究しているハッテンロッカー博士は、ＡＤＨＤと呼ばれる注意欠陥、多動性のある発達障害の患者のシナプスが、健常な子どもよりも多いのではないかという仮説を唱えています。そのために情報処理に混乱が起きているのではないかというのです。

あくまでも仮説ですが、早期教育の長期的な影響や、それにともなう安全性についてまだ何も分かっていない以上、注目すべき研究だといえるでしょう。

これまで述べてきたように、今のところ、早期教育において信頼のできる科学的データは報告されていないのが現状です。さらに言えば、どういう刺激を、どの程度、どの年齢に与えれば効果的かつ安心できるものなのかということも分かっていません。刺激の質についてはなおさらのことで、「科学的根拠」という場合、脳科学はもちろんのこと、行動観察や実験心理、聞き取り調査など、多くの子どもを対象とした長期間にわたる追跡調査を行った上で、改めて検討する必要があるのです。

親が一方通行の「刺激」を与え続けるのではなく、子どもの自発的な発達を見守りながら、彼らの世界を広げ、人との関わりの楽しさを味わわせるだけで充分だと思います。

また、早期教育は将来の見返りを期待する投資でもありますから、投資に見合う効果がなかなか表れなかった場合、親の子どもに対する期待が失望や怒りに変わる可能性があります。高い期待をかけているだけに、早期教育の手段や方法がエスカレートし、子どもを追い込むことになりかねません。子どもをピアニストにする、野球選手にするといった的を一つに絞った早期教育は、親子ともども失敗したときのリスクが大きすぎます。

さらに、早期教育のための習い事や塾に通わせる分、子どもの時間に余裕がなくなります。その結果、物理的にも精神的にも落ち着いた生活ができません。

不登校ぎみで体調の不良を訴えて小児科の外来にきたJ君は、週に五回、学校から帰るとすぐに塾に行き、夜遅くまで勉強するという生活を送っていました。家族と夕食をともにすることはなく、コンビニのおにぎりで夕食をすませていました。最初は体調の不良を訴えながらも学校や塾に通っていましたが、そのうち両方とも休みがちになりました。

小学校三年生で引きこもりがちになったR君は、毎日のようにプール、サッカー、算数塾、英語塾に通っていました。相談に来た親と話し合った結果、塾に通う回数を減らし、R君の生活は徐々に落ち着きました。親御さんは、「やればできる子だったので、もっとできる、もっとできると私の気持ちがエスカレートしていきました」と語っています。

これらの子どもに共通するのは、一〇代にして燃え尽きたような表情をしていることです。そうなってしまっては、元も子もないのではないでしょうか。

「やってもできない」という臨界期

個人的なことを書くのは非常に気恥ずかしいのですが、ここで私の体験を書きたいと思います。私はいわゆる早期教育を受けて育ちました。母が熱心だったからです。幼稚園で英語、ピアノ、習字、絵画を習い、小学校に入ってからは勉強、体操、鉄棒、跳び箱も始めました。附属小学校の編入試験に落ちたため、母は家の狭い庭に鉄棒を備え付け、狭い部屋にお茶箱を置き、その上に布団を敷いて跳び箱代わりにし、私に猛特訓させました。確かに、小学校を卒業する頃には体育の成績が少し伸びましたから、短期的には「成功した」と言えるのかもしれません。しかし他はあまり成果がなく、特に音楽と英語は、中学に入ると成績が急落しました。

上達しなかったものは、母が見切りをつけた時点でやめました。母の期待は私の勉強へと向かいました。母は私の学費を稼ぐために必死になって働きました。

私の苦い経験を思い出してふと思ったのが、臨界期を「△歳までなら××ができる」と考えるなら、「△歳までやってもダメならできない」という、「ボーダーライン」として考えてもいいのではないか、ということでした。そもそも臨界期は学習の限界の時期を意味していたのですから。

科学、特に脳科学は、適者生存という進化論的な発想が前提となっています。成長過程にある子どもには、特にその傾向が強くなります。ですから「できる」という前提で議論が展開されます。しかし私は、「やればできる」という価値観には疑問があります。

その理由の一つ目は、「やればできる」が誰にでも当てはまるものとは思えないこと、二つ目に「やればできる」という考えは、親が押しつけるものではなく、私たちが自らの体験で獲得するものと考えるためです。

そして三つ目は、「できる」「できない」で子どもを振り分けることの影響です。

早期教育の価値観は、他人よりも少しでも抜きん出ることをよしとするものです。人間の幸福を、身分獲得やステータス、学歴社会における勝利に価値を置いたものです。しかし、これは「できる子」はよくて、「できない子」は悪いという偏見につながりかねません。裏を返せば「できない子ども」を社会から締め出し、子どもの失敗を認めない窮屈な社会を作り出しているだけではないでしょうか。これには第五章で述べる私の障害観がもとになっています。

これまで障害児は、例えば歩くことが難しいといわれる時期を過ぎても、社会に適応するために歩行訓練をさせられることが少なくありませんでした。幼児期から歩行訓練を続け、一〇年経っても歩けないのに、それでも「社会に出るため」に歩くことを強制させられてきたのです。もし一定時期を過ぎても歩行が困難なら、辛い思いをして自力歩行にこだわらず車いすを使えばいい。そうすれば、彼らはもっと容易に社会に出られたかもしれません。ですから私は「△歳までならやればできる」という価値観だけでなく、「やってもできないボーダーライン」と向き合うことも、大事な教育観だと思うのです。

「やればできる」と信じて疑わないことだけが、子どもにとっての唯一の幸せかどうか、立ち止まって考えてはどうでしょうか。もともと子どもは、自ら積極的に外部に働きかけるという力を持っています。乳幼児期の習い事や教材は、あくまでも遊び感覚で、親子のコミュニケーションの一つとして、体験を共有するくらいでよいのではないでしょうか。臨界期にこだわらずに「あなたの得意分野をゆっくり探そう。これをやってもできなかったけど、他のものがあるよ」と大らかな気持ちで子どもの成長を見守る方がいいように思うのです。

失敗を経験する意味

早期教育を受けたその後の私は、勉強はしたものの、およそ成功といえる人生ではありませんでした。

結果からいいますと、一三度の受験戦争は三勝一〇敗でした。三勝は高校と大学の入試で三つの学校に合格したことです。しかし、小学校三年の編入試験以来、附属中学校の試験、高校入試、大学では三校が不合格、さらに二浪して一〇敗。おまけに大学教授選挙にまで落選してしまいました。これまでの人生を振り返ると、挫折の連続だったように思います。

ですから、私は、

「人生はうまくいかないこともある」

いつもそう思っています。

でも、「成功した例《ためし》はないが、失敗しても何度でもやり直しがきく」とも思っています。

私自身の体験から、「臨界期」を過ぎてもできない子どもの将来はあきらめろと主張しているのではありません。

ただ、失敗や挫折を経験しても、それで人生が終わるわけではありませんし、私のように一生を通じて取り組める仕事と出会うこともできるということです。

大人になると、失敗や自分の壁にぶつかることにたびたび遭遇します。そのような失敗や挫折を「負け」と考える人がいますが、失敗から学ぶことは数多くあります。若いうちにたくさんの失敗を経験させることも、親の大切な役割です。

親は、挫折や失敗を恐れて早期教育に走ったり、逆に子どもの行動を制限したりするのではなく、失敗したときに、どういう方法でそれに対処できるかを自ら考える大人になるために、幼児期には小さな失敗をたくさん経験させてあげてほしいと思います。そして、親や子どもの失敗を許容できる懐の深い社会になることを願っています。

第二章　乳幼児と英語教育

第一章では早期教育と脳科学研究について論じました。続く第二章では、早期教育の代表的な例として英語教育について簡単に触れ、私の考えを述べたいと思います。

乳幼児から英会話ブーム

近年、外資系企業の日本進出や日本企業の海外進出など経済のグローバル化にともない、英語の習得や、異なる言語を持つ人々との交流が求められる機会が増大しました。今後もそういう傾向は間違いなく強まっていくことでしょう。

そんななか、子どものうちから英語を学ばせようという動きが高まっています。

二〇〇一年一月に文部科学省から出された「英語指導方法等改善の推進に関する懇談会」の報告書には、従来の文法や単語・熟語の暗記といった受験英語への反省から、「二一世紀に生きる日本人に求められる英語力の必要性」が明記されています。これにより、「国民全体に求められる英語力の育成」は必至となりました。小学校では「総合的学習」の設置により、国際理解教育として、自文化理解、異文化理解、コミュニケーション能力の育成が求められ、英語学習を取り入れる学校が増えてきました。

ただ総合教育の一環としての取り組みですから、授業回数も月に一、二回程度から週一回まで、地域差があります。また、小学生については「過度の期待や競争心が小学校教育の本来の在り方や家庭における幼児期の教育をゆがめて」はならないので、家庭や地域や学校で十分な配慮が大切と注意を促しています。

さて、英語を担当する教員には、子どもに英語学習の面白さや大切さを理解させ、意欲を高める工夫が求められます。

具体的には、英語で授業を行う、少人数制、ＡＬＴ（Assistant Language Teacher＝ネイティブスピーカーの外国語指導助手）の積極活用、習熟度別指導などです。

ある私立小学校では、少人数クラスにして外国人教師が英語で授業をし、ある公立小学校では子どもが興味を持ちやすい劇で英語を学ぶなどの取り組みがされています。ネイティブスピーカーの養成を目標とする学校もあります。

第一章でも述べたように、就学児童だけでなく乳児や幼児にも英語を学ばそうという動きが高まっています。書店では幼児向け英語雑誌が売られ、子どもが喜びそうな音やリズムを中心としたビデオ教材や知育玩具、キッズ英会話教室などが流行しています。英語教育に関心のある親は、それを見ながら教材や英会話教室を探し、よい英語教育とは何かといったハウツーを学び、他の親がどう考えているかの情報を集めています。

日本語を追放した家族

東京郊外に住むHさん一家は非常に教育熱心で、三歳と一歳の子どもを英会話教室に通わせ、家庭でも英語を教えています。Hさんの話です。

「私たち夫婦は、留学経験も海外居住経験もないので、ペラペラではありません。でもこれからの時代、英語力は絶対必要だと感じています。だから自分の子どもには、どんな形でもいいから英語の話せる環境に置いてあげたいと思っています。

上の子が二歳になったときから、家の中では、英語以外の言葉は一切使わないことに決めました。子どもは吸収が早いので、子どもに負けないように親も必死です」

一歳二カ月の女児に絵や文字、数字を使った知育トレーニングを始めようと考えているNさん（男性）はこう考えています。

「機械的でも何でも、小さいうちに一生懸命教育をして、それで賢くなるなら、早期教育をさせたいと思う。それと、英語の発音をネイティブのようにするには、八歳がリミットなので、英語のトレーニングもできるだけ早く始めたい」

とにかく早く子どもへの教育を始めたいというNさんにその理由を尋ねたところ、彼は「だって、あとが楽だから」と答えました。

関西に住むUさんは、子どもが七カ月のとき、情操教育に役立てたいと、知育のための幼児用ビデオ教材を購入しました。子どもがビデオを気に入っているので、英語教育にも生かしたいと思い、最近、数十万円もするビデオ教材を購入しました。一歳半になった子どもは毎日繰り返し見ていると言います。Uさんは「喜んで見ているので、効果はあると思います。何十万円もしたのでできる限り活用したい」と話しています。

HさんやNさん、そしてUさんのように、英語教育を積極的に取り入れる親ばかりではありませんが、多くの親と接していると、いわゆる「教育ママ」は健在だなと感じますし、また英語教育を始めた親の話も以前より多く保育現場から聞かれるようになりました。

のんびり人生を楽しむ中高生とその親

ここで、『中学生・高校生の生活と意識調査』から、ＮＨＫが中高生とその親を対象に行った意識調査を紹介しましょう。図1を見てください。

「一〇年後も学歴優先の社会が続いているか」という問いに対し、父親、母親ともに「学歴優先の社会が続いている」と答えた人は、一九九二年から二〇〇二年にかけて減少し、「多少実力優先」「実力優先」が増加する傾向が続いています。

また、子どもに「将来なりたい職業」について尋ねたところ、目立って減ったのが「サラリーマン、ＯＬ」や「教師」で、全体的には「看護師」「美容師、理容師」など、手に職をつけたいという意識が高まっています。「子どもにはどんな職業に就いてほしいか」という両親への問いにも「サラリーマン、ＯＬ」「教師」という回答が減る一方で、「子どもにまかせる」が一〇年前の三倍になっています。

図2は、子どもの勉強時間を表したものですが、一九八二年から二〇〇二年の二〇年間にかけて、中学生で約三五％、高校生で約四四％減少しています。さらに、中高生と親の意識も、「他人に負けないようにがんばる派」から、「のんびり人生を楽しむ派」に移行する人が

図１　10年後も学歴優先の社会が続いているか

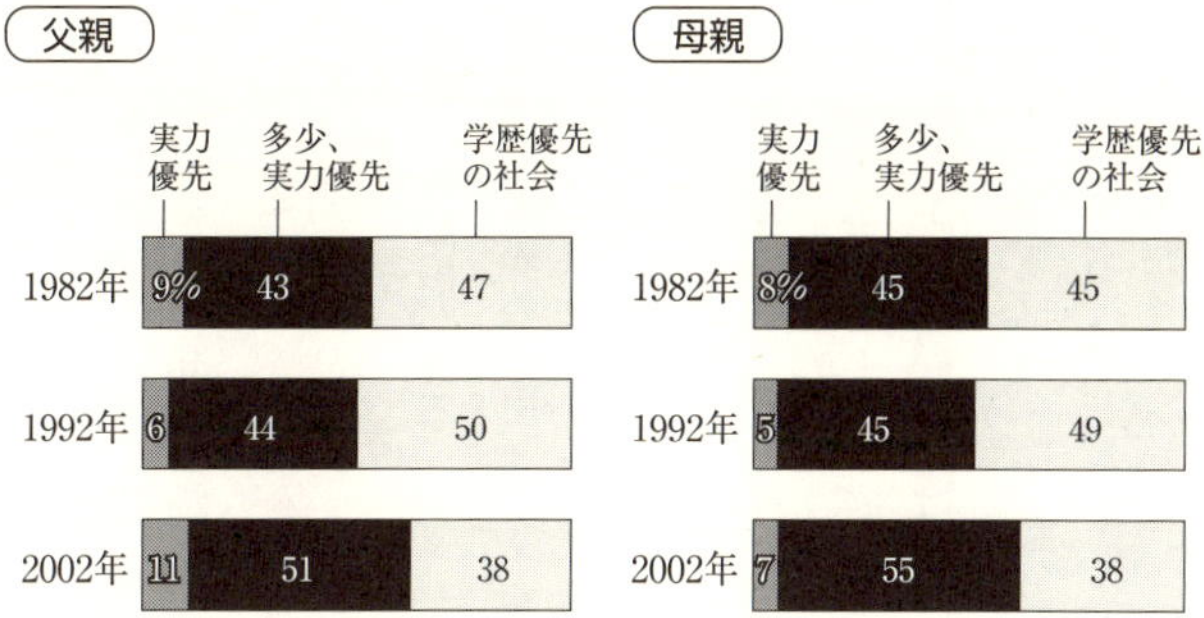

図２　勉強時間の平均

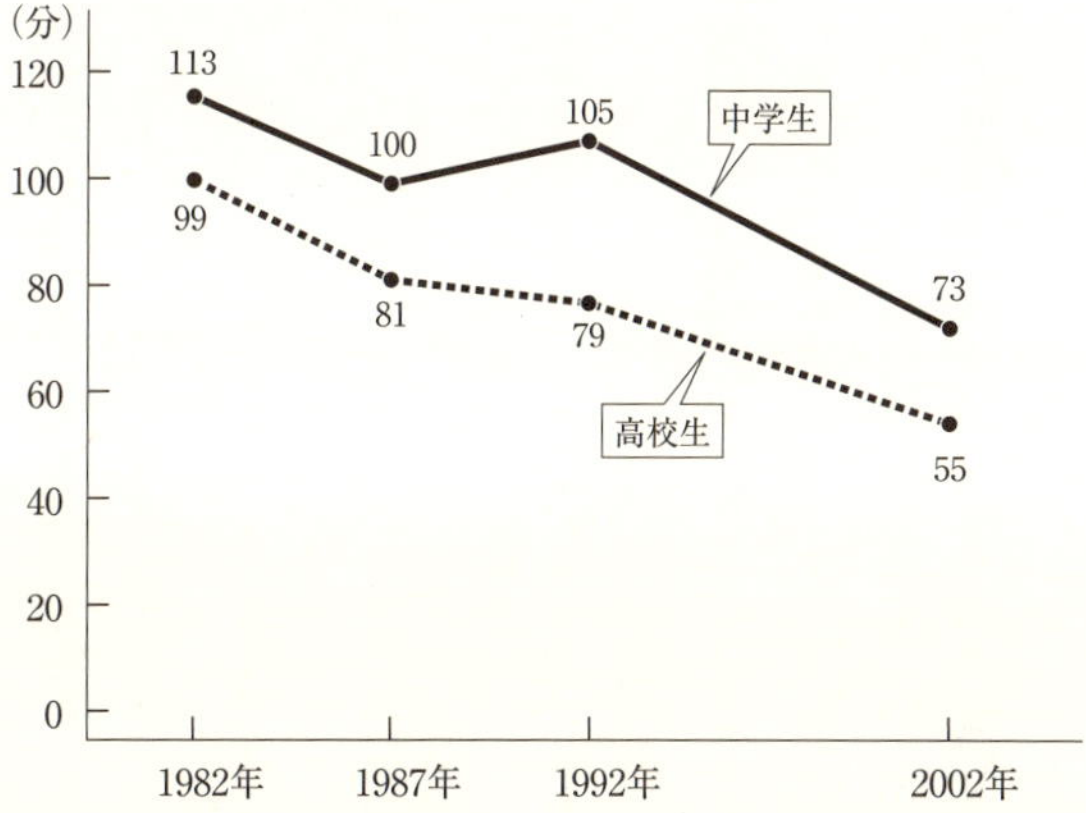

いずれも『中学生・高校生の生活と意識調査』NHK放送文化研究所編、NHK出版より

増えていて、お父さんよりもお母さんのほうがより「のんびり人生派」が多くなっています。

このように、中高生とその親の「実力優先」あるいは「マイペース」志向が増える一方で、低年齢児に対する教育熱は広がってきています。少子化に伴う親の期待感の高まりや、Nさんのような子どもの将来を心配する傾向が顕著になってきているためではないかと思います。

英語はお得で達成感がある

英語は事実上世界の公用語ですから、今後さらにグローバル化が進めば、日本人の英語力も今以上に求められるでしょう。日本人も日常会話ができる程度に英語を身につける必要があると思います。

早期の英語教育に取り組む親の多くは、それによって我が子を天才に育てようと考えているわけではありません。ただ、グローバル化の波に我が子が乗り遅れないようにしたい、ゆとり教育に疑問がある、英語は受験や就職に有利、バイリンガルは格好よく見えるなどの理由で英語教育を始めるようです。要するに、子どもの英語力の向上が、親の期待を満足させてくれるものだからです。

その背景には、中学高校の六年間、あるいは大学を入れて一〇年近くも英語を学んだのに、一言も話すことができないという多くの日本人が持つコンプレックスがあります。それなら幼児期から英語を生活の中に取り入れ、英語で話すことを習慣にしてしまえば、自分のように大人になって苦労して学ぶ必要はない、と思うのかもしれません。

受験や就職に有利で、しかも格好がいいとなれば、英語教育にはかなりの「お得感」があります。教育は、「与えたこと」に対して、「どの程度効果が出たか」を見る投資のようなものでもありますから、英語教育はコストパフォーマンスが高いといえるでしょう。

ただ、受験や就職に有利で、大人の思い描く理想を満たしてくれるからといって、何十万円もする高価なビデオを購入し、母国語も習得できていない時期の子どもに英語を教えることに、私は強い疑問を覚えます。親の期待や思惑どおりに進まない場合があるからです。

日本でネイティブにすることの困難

「もし『真の』マルチリンガル（生後から八歳までに複数のネイティブ言語の環境に育った人・筆者注）に育てたいなら、幼少期に母国語の他に外国語の環境にさらすことが必須となる。もちろん、ネイティブの外国語環境である。英語なら、ネイティブ英語を話す人が身近にいることがベター」

第一章でも引用した澤口俊之さんの著書からの一節です。

おそらく、『真の』マルチリンガル」を育てるためには、澤口さんが言うような環境が必要でしょう。しかし、このような環境を整えることは、非常に難しいことです。「幼少期に母国語の他に外国語の環境」「ネイティブ英語を話す人が身近にいる状況」といっても、私たち日本人は、日常生活において、どれくらい英語を使う機会に恵まれるでしょうか。

地方のあるALTは、「外国人に道を聞かれたら英語で答えるよう指導していますが、顔見知りばかりが住む田舎で道を聞く人はいない」のが悩みだと言います。本当に子どもを良質な環境に置こうとすれば、親も子どもも相当な無理を強いられることになるのではないでしょうか。

次のような調査があります。

アメリカの言語学者であるB・ハートとT・リスレーが、アメリカの一般家庭の子どもが日常的にどのくらいの言葉を耳にし、口にしているかを数年間にわたって調べました。その結果、興味深いことが分かりました。

まず、一一カ月から三八カ月のまでの幼児は、平均して一時間に七〇〇〜八〇〇の単語を聞いているというのです。また、三歳児は一時間に平均一四〇〇語、二三二種類の言葉を話すそうです。このようなネイティブの環境を、日本の普通の家庭で作るのは、ほぼ不可能といえるのではないでしょうか。

日本語の混じった不自然な英語

バイリンガルについてこんな話があります。

中学で英語の講師をしているEさんが、大学卒業後、アメリカの大学に留学をしたときのことです。大学には他にも日本からの留学生がいて、日本のインターナショナルスクールを卒業した、いわゆるペラペラの学生も何人かいました。ご存じのように、インターナショナルスクールの授業はすべて英語です。日本の英語教育で得た知識を持つだけのEさんと比べて、彼らの英語能力はかなり高く、外国人とのコミュニケーションに何の問題もないように見えました。

しかし、しばらくすると、Eさんは彼らの英語がどこか不自然であることに気づきました。英語でもなく、日本語でもない、独特の言語形態を使って会話をしているのです。

彼らの使っていた言葉は、文法は英語、語彙は日本語の混じった英語だったのです。例えば、こんなふうです。

You know, I like his class. ホントに it's fan だけど、he never ほめる his students マジで。So, I was like, "Hey, what's wrong with この先生？"

Eさんは日本人ですから、最初は不慣れな言葉でも、頭の中で翻訳し直せば、彼らの言わんとすることは理解できました。しかし、特別な言語しか持たない彼らは、外国人となかなかとけ込めずに、一年ほどインターナショナルスクール出身者だけでグループを作っていたといいます。

もちろん、これがインターナショナルスクールに通うすべての子どもたちの実態ではありません。日本語と英語の両方を獲得し、自由に使いこなしている人も大勢います。ただ、外国語の環境に置いても複数の言語に順応できない場合もあるのです。

子どもが言語を獲得し始めた時期に、英会話教室に通わせたお母さんは、「もっと徹底すべきだった」と後悔しています。子どもの話す英語の発音の美しさに感心している間はよかったのですが、子どもが次第に日本語と英語のチャンポンで話すようになったからです。結局は、親が腰を据えて、英語を教える目的やどのように英語を学ばせるのかという指導方法を確立し、教育し続けなければならないのではないでしょうか。

バイリンガルへの幻想

『英語を子どもに教えるな』の著者、市川力さんは、バイリンガルへの道のりが非常に険しいことを、長年アメリカで暮らす日本人子女をサポートする仕事を通じて語っています。

著書に登場する鈴木幸一君（仮名）は、父親の転勤と同時にアメリカ中西部の都市に移り住みました。小学校に通った当時は、強いストレスで夜中に奇声を上げるようになり、家中を徘徊するようになります。ただ、半年後には現地の学校に適応し、英語に苦労しながらも普通に生活を送れるようになりました。四年後、日本への帰国と同時に日本の小学校へ入学しましたが、今度は母親が、帰国子女というだけで「帰国枠入試という特権のために海外で英語を学ばせた」という雰囲気に苦しんだようです。

中学生になった幸一君は、父親の二度目の海外赴任で、再び渡米します。その後は小さい頃の英語力をベースに、東京近郊の有名私立大学附属高校、そして大学へと難なくパス、就職でも英語力を生かして人気のある会社に就職しました。

さて、久しぶりに幸一君と再会した市川さんが、幸一君に「帰国生として育ってよかったと思うことは？」と尋ねたところ、彼は平然と「特にありません」と答えたといいます。それればかりか、彼が帰国生だと分かると、日本では「人格がまったく消され、『英語がしゃべれる』『アメリカ人の友だちが多い』『入試で優遇される』と僕の人生のすべてが環境で決まったと言わんばかりだ」というのです。

幸一君を「ラッキーな人生を送った男の子」と見ていた市川さんは、幸一君の言葉に非常に驚きました。しかし、その後に出会った多くの帰国生から、彼のような、いわゆる成功例がほんの一部に過ぎないことを痛感します。

小学校低学年の漢字も読めない程度だった中学三年生の男児は、英語が上達できないことを苦にして市川さんの塾を退塾したものの英語も上達せず、その後ドロップアウトしました。まじめすぎて現地校の宿題ができない自分を許せず不登校気味になった中学二年生の女児は、医師が日本語学校もしくは日本への帰国を警告したのですが親がそれを受け付けずに、拒食症が原因で亡くなったといいます。

市川さんは、結局、「動機づけ」「環境」、そして「方法」すべてにおいて劣った状態で幼少期から英語を教えても、英語を嫌いや英語コンプレックスにさせるだけだと英語教育に対する私たちの思いこみの危うさを訴えています。

語学力と対人能力は違う

再び、Eさんの話に戻りましょう。彼女は、中学で初めて英語に出会って以来、英語が大好きになり、大学卒業後にアメリカへ留学しました。現在は日本の中学校で英語を教えています。そのEさんは、高校生のとき、英語の教師からこう教わりました。

「英語を学ぶことによって、自分自身が成長するイメージを持ってほしい」

Eさんは、「人生をより豊かにするものとして英語を学んでほしいと先生は言いたかったのだと思う」と話してくれました。彼女自身、英語が向いていると感じていますが、言葉の刷り込みでしかない乳幼児への英語ブームは理解できないといいます。そのEさんは、生徒に「日本語を大切にする気持ち」を伝えています。

「言うまでもなく、外国語は他国のものであり、言語は、その国の文化を背負っているもの。だから英語に限らず、他の国の言語を学ぶときは、その国の文化に触れさせてもらっているという謙虚な気持ちが学ぶ側に必要だと思います。

ペラペラにしたいからといって、幼いころから発音を身につけさせて、『文化を大切に！』と言っても、子どもには何のことかさっぱり分からない。

第二言語の学習は、人格の成熟を待ってからでも決して遅くはありません。私自身それでよかったと思っています。それより、自分の国の文化を満足に知らないほうが、外国人と接したときに恥ずかしいと実感するんじゃないかな」

つまり、言語はコミュニケーションの手段というだけでなく、その国の文化そのものでもあるのです。これが日本語を大切にする一つ目の理由です。二つ目の理由は、母国語で意思を伝えられないのに、様々な価値観を持つ世界の人たちと話をすることはできないと、Eさん自身が留学体験を通じて痛感したからです。

読者の皆さんは、「語学力＝コミュニケーション能力＝人と関わる力」と思うかもしれません。厚生労働省でも、「英語によるコミュニケーションの能力の向上が強く求められている」「過度に細部にこだわらずコミュニケーションの能力を高める」「コミュニケーションの技術としての英語力を育成する」と、英語力と人と関わる力の同時育成に重点が置かれています。

しかしEさんは、語学力とコミュニケーションは、必ずしも＝（イコール）ではないと言います。

「英語が身に付いたら、外国人と対等に話ができると思っている人は多いけど、言葉は話したいことがあるから、自然と口から出てくるものだと思いますよ」

それは、母国語でさえ社会性の低下が問題になっている日本人のコミュニケーション能力を見れば一目瞭然です。

ヘタな英語でも一生懸命話せば伝わるし、伝わらなくても、語学力で馬鹿にされることはありません。

ある外資系のビジネスマンは、中国人の同僚が、自分よりも遥かに拙い英語力ながら積極的にコミュニケーションをとって好成績を上げていることに衝撃を受けたと言います。

日本で暮らす外国人の日本語を思い出してください。彼らの話す日本語を聞いて、私たちが彼らを馬鹿にすることはありません。日本を知ろう、日本になじもうと努力する彼らの努力や懸命さが伝わってくるからです。むしろ、自分の国の文化も満足に知らず、乱れた日本語を使う私たちの方が滑稽に感じられることさえあります。

言語を獲得し始める時期の子どもには、自我の芽生えによる強い「衝動」や「感情」に伴って発語が見られる場合が多くあります。他人への欲求や拒否を、自分が知っている限りの言葉を使って周囲に伝えようとします。言語は、コミュニケーションのツールとしてだけでなく「思考の基盤」でもありますから、自己の形成という意味においても、一方的に単語を教えられるだけでなく子どもの自発的な発語を促すことがより重要なのではないでしょうか。

英語教育への提言

子どもへの英語教育活動を行っている元NHKアナウンサーの久保純子さんは、私との対談の中で、「乳幼児でも効果があるかもしれませんが、私の経験から言えば、英語教育は四歳、五歳以降が望ましいのではないでしょうか」と語っています。

彼女自身、中学二年以降、数回の海外留学を経験し、英会話には問題がありません。しかし、早すぎる英語教育にはあまり意味がないと考えています。その理由は、あくまでも第一言語は日本語で、英語は第二言語だからです。そして第二言語を習得するためには、第一言語の習得が必要となります。

京大霊長類研究所の正高信男さんは、「ヒトの脳をつかさどる中枢は、最初に習得する言語をもとに第二言語を学習していく仕組みになっている。母国語すらおぼつかない段階で他の言語を同時並行で教えても脳を混乱させるだけ。どちらも中途半端になる」と言っています（二〇〇四年七月一九日付け「産経新聞」より）。

ここで、英語教育における本章の結論を整理しておきましょう。

① 早期教育については、低年齢児から始める必要はない。もし教育を始めるとすれば、第一言語を習得したあと。
② 教育には本人のやる気が大切であり、意欲のない状態で進めても難しい。
③ 早期教育をするのであれば、親にも根気と覚悟が必要となる。
④ 大切なのは「英語をしゃべる」ことではなく「しゃべる内容」である。
⑤ 早期教育の怖さは「効果を求めること」にある。母国語は日本語、英語はあくまでも第二言語である。したがって、あまり効果を求めずに英語を通して親子の関係を深めることが大切ではないか。

教育に哲学がなくなったと言われる時代になりました。何か安全弁的な、その場しのぎの教育が蔓延《まんえん》しているように思います。私たち親は何を目指して教育をするのでしょうか、また何を大切に考えて育児をするのでしょうか。

生まれてからわずか数年で、新しいことにどんどん取り組もうとしている子どもたちに、将来が楽だからとか、吸収が早いからというだけの理由で、ネイティブのようにしたいと英語教育にのめり込む親の期待感に、私は危機感を感じます。

将来役立つという考えも理解できなくはありません。しかし、そのためだけに、〇歳児からビデオを見せ、とりあえず八歳までをリミットに英語を学ばせる……。八歳を過ぎたらどうしますか。大人になってからでは遅いと思っている親を、子どもは尊敬できるでしょうか。

そして何語を使おうとも、話をするのに重要なのは中身と人柄です。人を惹きつける会話ができるかどうか、自国の文化に造詣が深いか、物事に対する好奇心や意欲があるかどうかです。それさえあれば、子どもは自ら自分の人生を選択する力を持っていると私は信じています。何のために遊ぶ時間を削って早期教育をするのか考えてほしいのです。

第三章　育児不安と孤独な親

二〇〇四年の春、餓死寸前まで発見されなかった大阪府岸和田市の男子中学生や、親に性器を切断された子どもなど、立て続けに起こった虐待では、虐待をした親の一部が「育児不安」を口にしていました。「育児不安」とはどのようなものでしょうか。

本章では、育児に不安や不満を抱える親の問題と、今後の育児のあり方について考察し、続く第四章で私たちが幸せな育児を実現するための方策について考えることにしましょう。

心身ともに不安定な産後

図1は、日本労働研究機構が実施したアンケート調査です。それによれば、雇用者女性の四〇・八%が、雇用者男性（妻について）の四〇・三%が、そして無職女性の四一・〇%が「育児ノイローゼや産後うつではないかと思った経験がある（あると思う）」と答えています。

ノイローゼは神経障害の、うつ病は精神病の一種で、どちらも専門的な治療が必要な病気です。ですから、回答者の四〇%に神経障害や精神病の症状が見られると結論づけるのは性急で、それほど気分が落ち込んだり、落ち込んだように見えるということだと私は解釈しています。ただ、この数字の高さは、出産が女性の身体だけでなく心にも負担をかけることを示しているのだと思います。

図1　育児ノイローゼや産後うつではないかと思った経験

（平成15年）

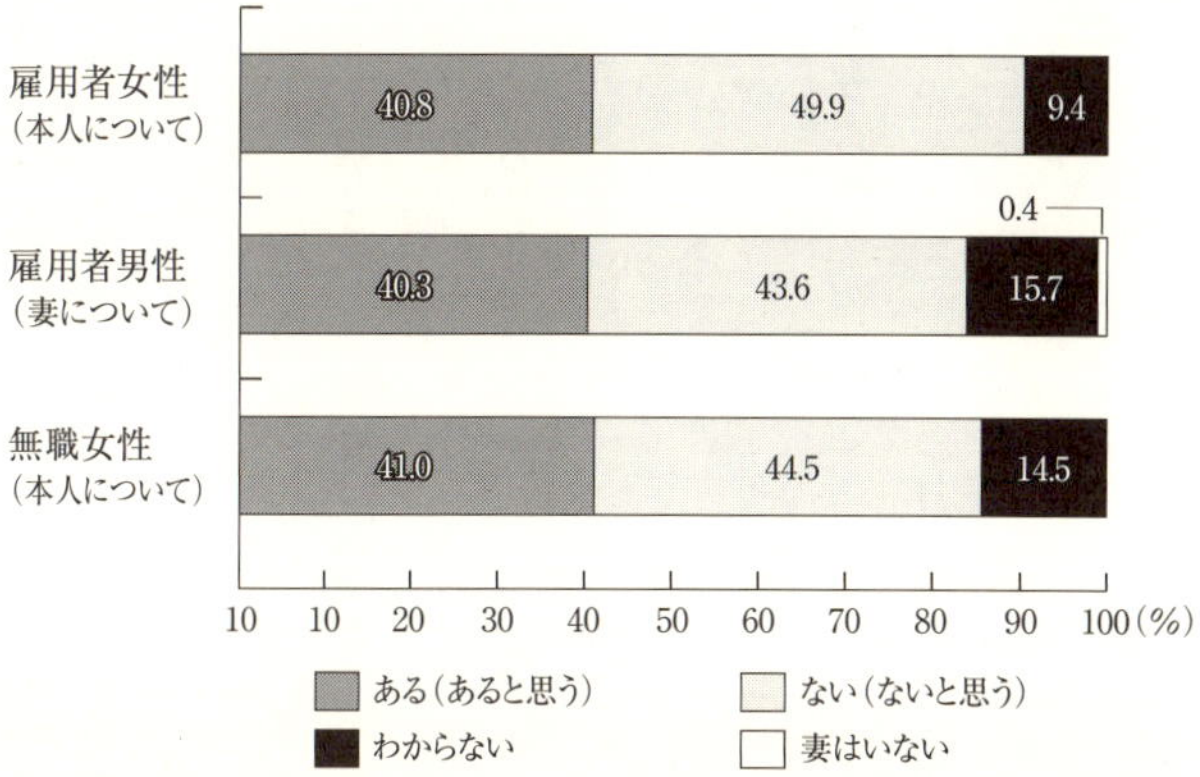

日本労働研究機構（現労働政策研究・研修機構）「育児や介護と仕事の両立に関する調査報告書」2003より

三一歳のYさんは、このアンケートの結果について、

「それほど驚く数字ではないと思います。私も第二子出産後、授乳の度にひどく落ち込みました。でも、家族は気づいていないでしょう」

と話してくれました。

彼女は産後の肥立ちがよく、周囲も協力的で、落ち込む理由は見あたりませんでした。しかし、子どもを抱いて授乳をしていると身体がだるく、精神的にも辛い気分になるのです。出産によって、身体からエネルギーが抜けていくように気力が低下したり、ふさぎがちになるお母さんは少なくなく、病院にかかる人もいます。

このようなお母さんの体調の変化は、生活リズムの乱れが原因で起こるとも考えられます。一カ月検診にきたお母さんからもっとも多く聞かれるのは、「自分の時間がとれない」というものです。赤ちゃんの世話には息つく暇がありません。育児の専門家によっては、「授乳や抱っこは、赤ちゃんの要求にできるだけ応えましょう」という方がいますが、赤ちゃんの要求に応え続けると、今度はお母さんの側に拘束感が生まれてしまいます。

赤ちゃんとの生活は、互いのリズムやペースの違いにどう折り合いを付けていくか、の繰り返しでもあります。ですから、疲れているのに無理をして抱っこすることはありませんし、授乳もときには待たせて、赤ちゃんに親の気持ちを読ませるくらいでいいのだと思います。

育児不安とは

赤ちゃんが生まれて数カ月たつと、お母さんも育児中心の生活に慣れてきます。とはいえ、思うように行動できないストレスや、子育てと家事に追われる毎日に負担を感じる人も少なくありません。

コミュニティ・カウンセリング・センター所長の三沢直子さんは、著書『お母さんのカウンセリング・ルーム』の中で、育児不安について次のように述べ、お母さんたちの言葉を紹介しています。

「現代の核家族化においては、自分自身が出産するまで、育児とは実際どのようなものかを、身近で体験することがまったくありませんから、漠然と『かわいい赤ちゃんとやさしいお母さん』というような幸せなイメージを抱いている人が多いようです」

「毎日毎日、夫と子どもと三人だけの世界では孤独でつらい。仕事をもち、いろいろな人と接することができ、いろいろな刺激のある夫がうらやましいと思ってしまう」

「部屋の中と、家の回りをフラフラするばかりで、見事な密室育児となっています。私自身だんだんイライラしてくるし、こんなことでいいのだろうかと思いながらも、話し相手がまったくいません」

子育てをしている読者の皆さんは、「かわいい赤ちゃんとやさしいお母さん」であり続けることがどれほど大変かご存じでしょう。可愛い赤ちゃんでも、「密室育児」や「孤独な育児」では、「幸せなイメージ」を実現するのは非常に難しいことです。

私は、育児における問題は、大きく分けて二つあると思っています。子どもの年齢や発達の状態にもよりますが、一つ目は、子どもの発達やしつけの悩みを解消できない育児不安、もう一つはお母さんの置かれた状況からくる育児への不満です。まず、育児不安から見てみることにしましょう。

そもそも育児不安とはどのようなものをいうのでしょうか。服部祥子さん、原田正文さんらは、乳幼児健診や母親へのアンケート調査を詳細にまとめた『乳幼児の心身発達と環境』の中で、育児不安をもたらす要因として、

① 母親が子どもの欲求がわからないこと
② 母親の具体的心配ごとが多いこと、及びその未解決放置
③ 母親に出産以前の子どもとの接触経験や育児経験が不足していること
④ 夫の育児への参加・協力が得られないこと
⑤ 近所に母親の話し相手がいないこと

等の存在を指摘しています。

ただ、この調査では、現代の母親がけっして育児に不熱心で、質の悪い母親ではないことも明記されています。

②の母親の具体的な心配事について、少し補足すると、これには大きく分けて二つあります。第一は感染症や事故など生命を危険にさらす出来事、第二は急を要さないものの常に気にかかる子どもの成長に関する心配事です。

さて、服部さんと原田さんは、育児不安の一つ目の要因「母親が子どもの欲求がわからないこと」に「赤ちゃんがなぜ泣いたり、むずかったりするのか、わかりますか」という質問を加え、一緒に集計しています。その結果は、子どもの欲求が分からない親は、具体的心配事項も多く、育児不安が高いというものでした。

そこで次に、泣いたり、むずかるという「子どもの側の問題」と母親との関係を、私たちの調査から検討したいと思います。

「手のかかる子ども」の親は精神的・肉体的に不安

子どもの側の問題として、「育てるのが難しく手がかかる」という問題があります。専門家の間では「Difficult baby」と呼ばれています。これまで「Difficult baby」は、出産前後の要因や先天異常など、子どもの成長や発達に何らかの問題があるため、育児をする側に大きな負担がかかる子どものことを指していました。

ところが、育児不安がこれほど注目されてくると、子どもの側に主だった障害が見られなくても、「なかなか寝ない」「よく泣く」など、「親にとってとりわけ手のかかる子」も、「Difficult baby」に含まれるようになりました。

私たちの研究グループが行ったアンケート調査を紹介しましょう。正常と見なされた新生児のお母さん（一八〜四一歳）四七四人に、我が子を『手のかかる子ども』と感じる要因をいくつか尋ねました（有効回答数三二四人）。

最初の質問では、「お母さんにとって手のかかる子どもですか?」を尋ねました。「手がかかる」が二六例（八・〇%）、「どちらかというと手がかかる」が三三例（一〇・二%）、「ふつう」が一八二例（五六・二%）、「どちらというと手がかからない」五七例（一七・六%）、「手がかからない」が二六例（八・〇%）でした。

そして、「手がかかる」と感じる母親ほど「よく泣く」「泣きすぎ」「あまり寝てくれない」と感じる頻度が高いことが分かりました（図2）。

図2

◆「赤ちゃんはよく泣きますか」の設問を5検法で調査

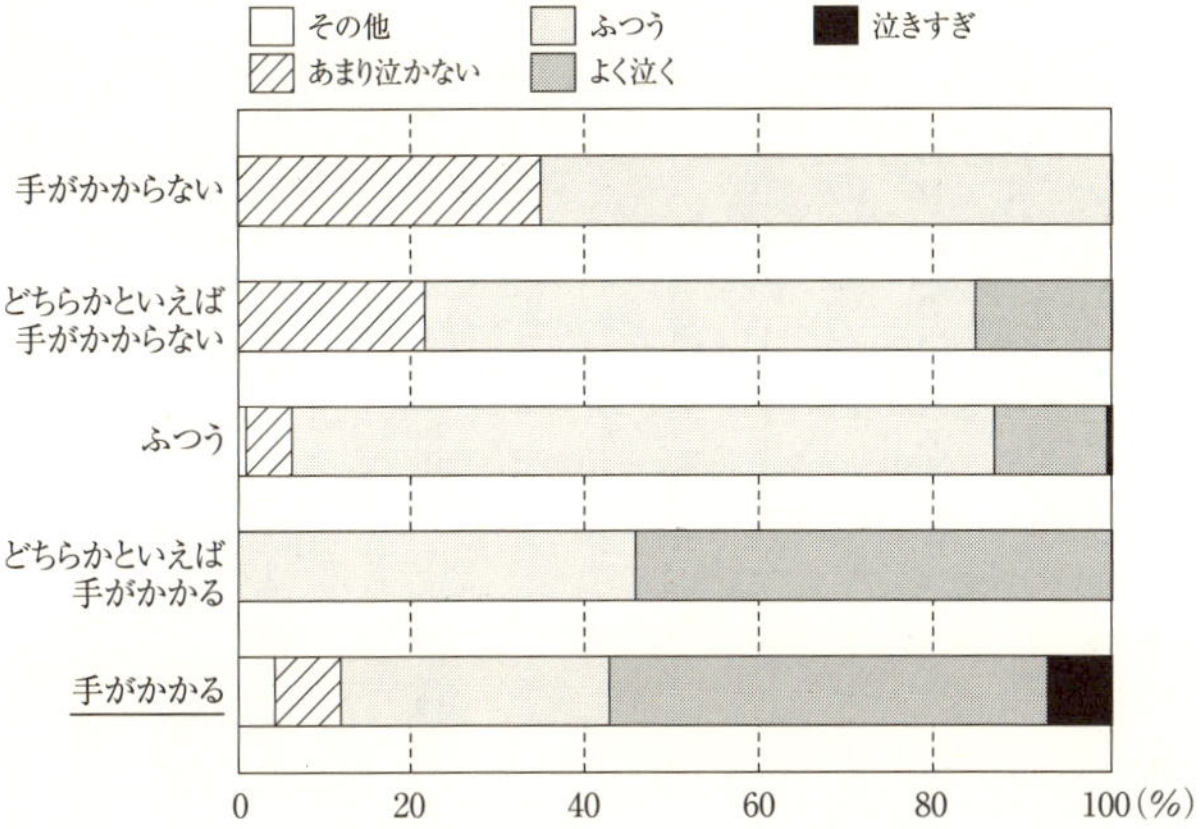

◆「赤ちゃんはよくねてくれますか」の設問を5検法で調査

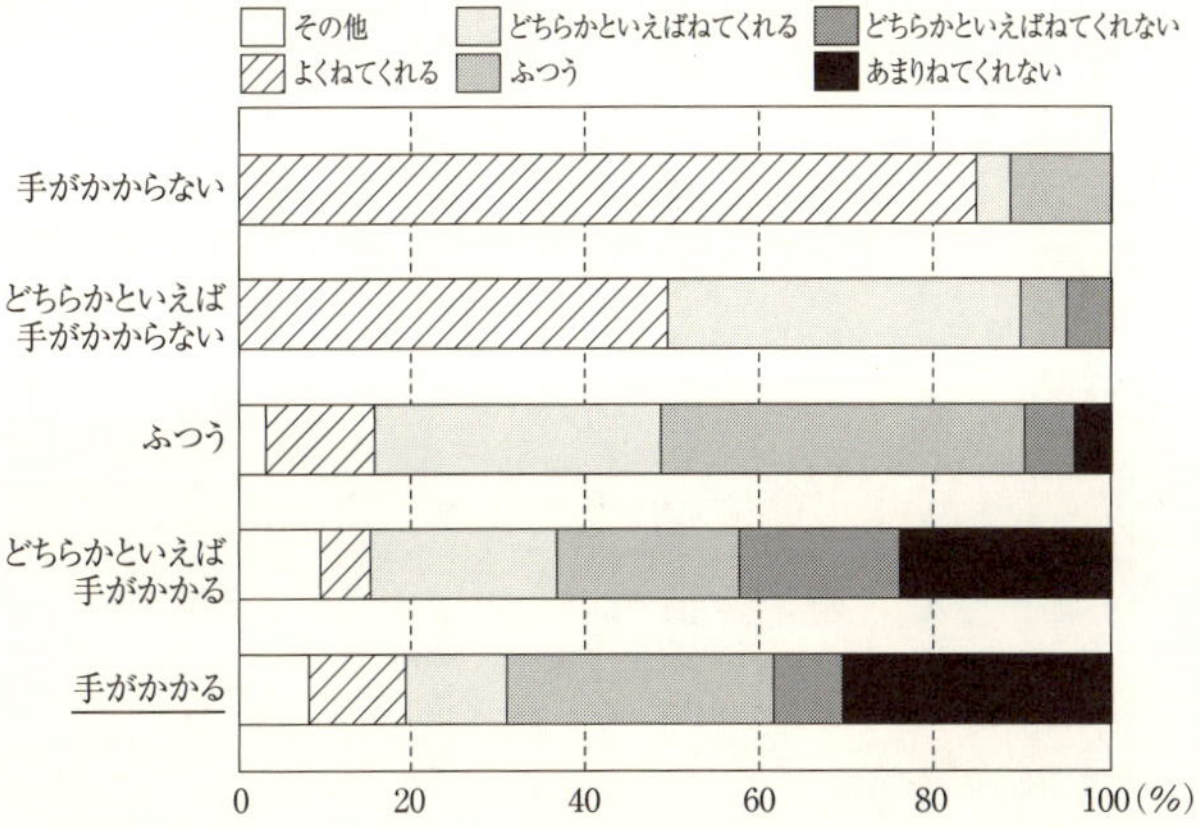

この調査では、他にＥＰＤＳ（エジンバラ産後うつ病自己評価票）と日本版ＭＡＱの質問項目も用いました。

ＥＰＤＳとは、産後うつ病にかかる恐れのあるお母さんを調べるための診断基準です。一〇項目の設問にお母さん自身が記入式で答えるもので、症状に応じてチェックを入れます。例えば「悲しくなったり、惨めになったりしますか」という質問に対して、「たまにそうである」「ほとんどない」などから選んで答えてもらい、点数が高いほどうつ病の傾向が高くなります。

日本版ＭＡＱとは、もともとドイツで作られた攻撃性尺度を日本版に直して作成されたものです。チェック項目は二三個で、怒りの表出、怒りの抑制、罪悪感、怒りの主張の四つの尺度から、お母さんの子どもに対する愛着度を見るものです。

さて、これらの調査で私が注目したのは次の三つの結果です。

一つ目は、ＥＰＤＳによる調査で、九点以上の産後うつ病と思われるお母さんが三四例（一〇％）も見られたこと。

二つ目は、日本版ＭＡＱによる調査との関連で、我が子を「手のかかる」と感じる度合いの強いお母さんは、我が子への愛着が低い傾向にある可能性が示唆されたこと。

そして三つ目は、我が子に「手がかからない」と感じている母親が「元気で心配ない」と答える一方、「手がかかる」と感じる度合いの強い母親群では、「元気だが心配」と健康を不安に感じる率が高かったことです。

これらの調査から、「手のかかる子ども」の親の一〇％に産後うつ病の疑いがあること、「我が子を手がかかる」と感じる度合いの強い母親は子どもへの愛着が低い傾向にあり、「今は元気でも将来が心配」と健康に不安に感じていること、が分かりました。

手のかかる子どもは、お母さんにより強い拘束感を生じさせます。お母さん自身が子どもとの生活を分けて考えることができないために、子育てが辛くなっているようです。

手のかかる子どもへの具体的な対応はなかなか見つからないのが現状ですが、私の考える最善の方法を紹介しましょう。

「手のかかる子ども」とその対応

会社員Mさんの女の赤ちゃんは、助産院から退院して自宅での生活が始まった直後から、よく泣いて寝つきが悪かったそうです。抱っこすると泣きやむのですが、布団に置くとすぐ泣き始めます。あまりによく泣くので病気かもしれないと思い、助産院に電話したところ、

「そういう子はよくいます。遊びたがってるだけですよ」と言われて、ホッとしたそうです。とはいえ、抱っこしないとなかなか泣きやまないことに変わりはなく、一日中娘の面倒をみている妻の疲労は見ていて気の毒だったと言います。

「手のかかる子ども」の場合、Mさんのように一人では抱え込まずに、気軽に相談できる小児科医などを探し、相談することがもっとも大切です（第一候補としては、出産した助産院、病院などがあげられます）。まれに病気が原因でひどく泣く場合があるからです。お医者さんであれば、診察料を払って診てもらうのですから、気兼ねや罪悪感を持たずに済み、気分的な負担を軽減することができます。

診察の結果、病気の心配がないと分かれば、日頃の赤ちゃんの様子を観察してください。赤ちゃんが泣いたり、ぐずったりするとき、その前に必ず何らかのサインを出しています。私たち大人は、赤ちゃんの泣き声から「泣いている理由」を考えますが、「泣く理由」というものは、「泣く前」にあるものです。

生後四カ月のI子ちゃんのお母さんは、たまたまI子ちゃんが泣く前の表情の変化に気づき、I子ちゃんの泣く理由を知ったことから我が子の成長を実感できたといいます。

また、よく泣く赤ちゃんの場合、なかなか眠りに就きにくいということが多くあります。

これは、赤ちゃんの「眠りの浅さ」が関係しています。赤ちゃんがもっとも眠りに就きやすいのは、日が落ちた後の午後七時から八時頃で、起床は日が昇る午前五時から六時頃です。ところが、親の生活に合わせて、夜一一時や一二時に寝ると、赤ちゃんは深い眠りに就くことができません。親の就寝時間が関係していると思われるときは、早い時間に添い寝で床に就かせるなどの工夫が必要ではないでしょうか。

ここまで子どもの側の問題から育児不安の要因について考えてきましたが、次に「氾濫する育児情報と母親との関係」について考察します。内容は、テレビの視聴、専門用語の乱用、誉める育児、そして親の自信喪失です。

テレビの視聴が言語発達を遅れさせる?

今年に入り、小児科医らが所属するいくつかの団体から、早期の乳幼児へのテレビの視聴についての提言が出されました。「乳幼児のテレビ・ビデオの長時間視聴は危険です」と題された日本小児科学会の提言の背景には、「言葉の遅れや表情が乏しいといって受診した子どもたちの中に、テレビやビデオの視聴をやめると改善が見られた」という、小児科医や発達の専門家からの報告がありました。提言の内容は次の通りです。

① 2歳以下の子どもには、テレビ・ビデオを長時間見せないようにしましょう。内容や見方によらず、長時間視聴児は言語発達が遅れる危険性が高まります。
② テレビはつけっぱなしにせず、見たら消しましょう。
③ 乳幼児にテレビ・ビデオを一人で見せないようにしましょう。見せるときは親も一緒に歌ったり、子どもの問いかけに応えることが大切です。
④ 授乳中や食事中はテレビをつけないようにしましょう。
⑤ 乳幼児にもテレビの適切な使い方を身につけさせましょう。見おわったら消すこと。ビデオは続けて反復視聴しないこと。
⑥ 子ども部屋にはテレビ・ビデオを置かないようにしましょう。

日本小児科学会は、一七カ月（一歳五カ月）～一九カ月（一歳七カ月）の子ども一九〇〇人を、（テレビ視聴が）①四時間未満、②四時間以上、③家族が八時間未満、④家族が八時間以上の四つのグループに分け、有意語について調べました。有意語とは、例えば「ブーブ」「マンマ」など意味のある言葉のことです。

それによれば、四時間以上テレビを見ている子どもは、四時間未満の子どもより、有意語の発言に一・三倍の遅れがあり、八時間以上テレビがついている家庭では、その遅れが短時間視聴家庭の二倍にものぼることが分かりました。

さらに、テレビを見ながら親が一緒に歌ったり、内容について話し合ったりしなかった場合、親子間の会話を始めとするコミュニケーションが減少し、言語発達や社会性、運動能力に遅れが見られることも明らかになりました。

提言が新聞で大きく取り上げられたこと、そして具体的なデータをあげていることなどから、多くの親から戸惑いの声が聞かれました。

同じ頃、日本小児科医会も同様の提言をしています。内容は、

① 授乳・食事中はテレビ・ビデオは止める

② 小学校入学前の乳幼児はメディアと接触する総時間は一日二時間、テレビゲームは同三〇分までが目安

③ 子ども部屋にテレビ、ビデオ、パソコンは置かない

などです。

これらの提言を受けて、二〇〇四年二月七日付けの「毎日新聞」は、ある市民団体が二〇〇二年秋に実施した四カ月児の母親に対する調査を紹介しています。

それによれば、四カ月児で保護者の目線に視線をそらす子どもは、テレビの付いている時間が一日〇~三時間で三七・五%、四~六時間で六五・二%、七~九時間では九〇%、一〇時間以上では九六・六%でした。そして、四カ月児と一〇カ月児の母親（八四〇人）のうち、母乳、ミルク、離乳食を与えているときにテレビを付けている人の割合は、六七%だったと報じています。

これらの報道以降、「お宅は何時間くらい見せているの？　が挨拶になりました」とか「実家の親から『気をつけて』と新聞のコピーが送られてきました」という親、「毎日テレビを五時間くらい見せています。どうしたらいいでしょう?」と相談に来た親もいて、テレビやビデオ視聴への関心の高さを感じました。

発語は早ければよいというものではない

テレビ視聴について私の見解を書く前に、これらの提言の問題点を書きましょう。

第一に、日本小児科学会は、有意語の発現率の調査に一歳五カ月～一歳七カ月児を対象にしています。

提言の解説には、

「一歳六カ月頃から大人の言葉を模倣するようになって語彙が急激に増加し、二歳になる頃から二語文（「ママ、ネンネ」のような、二つの単語だけからなる文のこと・筆者注）を話すようになり、言語生活が確立していく」

とあります。

そうであるならば、調査には、二語文を話す二歳半もしくは三歳以降の子どもも対象に入れるべきで、有意語の発語が微妙な時期の一歳五カ月～一歳七カ月児を調査しても、テレビやビデオが子どもの言語獲得の過程にどのような影響を与えているかを正確に把握するのは難しいでしょう。

また、ある新聞には、「通常、1歳から1歳半の子供は『主語』『述語』の2語文で話すことから、2語文で話せない子供の割合を四つのグループで比べた」という記述がありました。

しかし、個人差はあるものの、一歳半未満で二語文を話す子どもは希《まれ》で、二歳を過ぎてようやく有意語を話す子どももたくさんいます。

子どもの発達におけるもっとも大事な点は、「発語は早ければよいというものではない」ということです。発語が遅い子どもは「スロースターター」「レイトスターター」といって、むしろ後から急速に言語の数が広がることがあります。

昔の人は、「おばあちゃん子は言葉が遅い」「一人っ子は言葉が遅い」と言い、発語の早さで善し悪しを決めたりはしませんでした。発語の時期は、標準の範囲内であれば問題はありません。この点については、親の不安をあおることになりかねないので、慎重な提言が必要でしょう。

第二の問題点は、日本小児科医会の提言が、一九九九年にアメリカで出された小児科医らの警告にもとづくものであり、充分な検証がされていない点です。

また、二月七日付けの「毎日新聞」には、ある市民団体による親と目線を合わさない四カ月児の実態調査が掲載されていましたが、生後三カ月以降の赤ちゃんは、「サッカード」と呼ばれる目をそらす状態にあるため、テレビの影響を断言できるものではありません。

生後一カ月頃の赤ちゃんは、物の全体を見ます。そして物を見てもすぐに目をそらす傾向にあります。生後二カ月頃の赤ちゃんは、物に焦点を合わせると、しばらく目をそらさずにじっとみつめます。そして、三カ月以降の赤ちゃんは、視線を急に動かす目の運動ができるようになり、物と物とを見比べることができるようになるのです。

つまり、「四カ月児が目をそらす」のは、視覚とそれに関係する脳機能が正常に発達していることの証《あかし》でもあるのです。

長すぎるテレビ視聴について

日本小児科学会は、提言の中に、「内容や見方によらず、長時間視聴児は言語発達が遅れる危険性が高まります」という一文を盛り込みました。「テレビは絶対に見せてはいけない」と、視聴を禁止してはいないものの、かなり踏み込んだ見解を示しています。

私にもこのような経験があります。

ある三歳半の男児は、言葉が少なく、この年齢の子どもにしては理解力に欠けていて、他人との意思の疎通が難しい様子でした。自閉症や軽度の発達障害の症状は見られませんでしたので、日常の生活の様子を詳しく親御さんに聞いたところ、日中のほとんどを、テレビを見てすごしているとのことでした。そこで親御さんに、テレビの視聴を減らし、視聴以外の時間に人との関わりを増やすよう助言した結果、会話やコミュニケーションに改善の兆しが見られました。

今回の提言について、「見せすぎがよくないのは当然」という親の意見がある一方で、「育児そのものを否定された気がする」と敏感に受け取った親もいたようです。特に親が関心を寄せたのは、テレビの「視聴時間」についてでした。あるお母さんは次のように言います。

「子ども向け番組は、午前中に二～三時間ほどあって、夕方にも同じような番組が二時間ほどあります。それに加えて、昼のワイドショー番組を親が見ていたり、夜のアニメを子どもが見ると、一日四、五時間はあっという間でしょう。

一クール二時間の番組は長いと思うかもしれませんが、そうではありません。子ども向け番組は、非常によくできていて、ワイドショー番組と同じ作り方です。一〇、一五分単位のコーナーが、次から次へと登場します。英語、国語、歌、踊り、お絵かき、クイズ……内容がコロコロ変わって大人が見ていても面白いんです。

テレビから流れる音声に合わせて言葉を話す楽しさ、リズムに乗って身体を動かす喜びを知る子どももいますし、親子の会話が豊かになる場合もあります。

それに、私が家事をしている間くらいはいいかなと思って、テレビを見せていますが、子どもが発達遅滞になると言われたら、育児というか、家庭での生活を否定された気がします」

テレビが珍しい時代に育った私の世代は、「テレビは面白いもの、見始めると止められないもの」という気持ちが強く、それゆえ長時間テレビを見ることには抵抗があります。ですから、「一歳や二歳の子どもに長時間テレビを見せる必要はあるのだろうか」と疑問を持ちます。かつて私もそのように考えていたことがありました。

ただ日常生活のなかで、幼い子どもが親のそばにくっついていると家事ができない、天気の悪い日は外に出られず子どもがストレスを発散をする場がないなどの不自由もあります。また親には、子どもがテレビを見ている間は、少し目を離しても安全だという気持ちもあります。

かつて私が、明らかにテレビの視聴が原因で言葉の遅れが目立った子どもの親に、「お母さん、もう少しテレビの時間を減らして、子どもと会話をする時間を増やしましょうか」と提案したところ、その親が突然、「先生は私から人生を取っていくの！」と激高したことがありました。このとき私は、子どもに対するテレビの影響を考えると同時に、親にとっての意味も考えなくてはならないのだと痛感したのです。私たちが想像する以上に、テレビと子育ては切り離せないものとなっているのではないでしょうか。

テレビが必要なのは子どもではなく親

提言のなかに、「子どもの言語能力は、一方的な視聴だけでは発達しないことを認識すべき」という指摘がありました。これには私も同感です。

第一章でも述べたように、テレビやビデオを「言葉」や「知識」を教えるための教材として利用している親が増えています。長時間の視聴や乳幼児期の視聴は、子どもたちの生活から「周囲との双方向のやりとり」「物に触る触覚」「自ら積極的に物を見る」という機会も奪ったように思います。

ですから、散歩や外遊び、絵本の読み聞かせなどの機会を捉えて、実際に物を見たり、触れたり、嗅いでみたりしながら、子どもが自ら積極的に周囲と関わろうとする意欲を削がないためにも、長時間の視聴には注意が必要です。

さらに今後テレビという文明とうまく付き合っていくためには、

① テレビやビデオは、いつごろからどのくらい見せたらよいのか。

②　テレビ、ビデオを見る以外の時間をどのように過ごしたらよいのか。
③　子どもにとって良い番組やゲームとはどのようなものであるのか。

についての科学的な検証も重要になってくるでしょう。

二〇〇四年七月に、日本小児神経学会は「言葉の遅れや自閉症が、テレビやビデオ視聴のせいだとする充分な科学的根拠はない」という提言を発表しました。私もこの提言のとりまとめに携わっています。先述の日本小児科医会や日本小児科学会の提言によって、親御さんの間に育児不安が広がりつつあります。因果関係が不明にもかかわらず、「テレビを見せすぎたせいで自閉症になったのでは」と悩む親御さんもいます。

まだまだ自閉症については大きな誤解があるので、少し触れておきましょう。はっきりさせておかなくてはならないのは、テレビの見せすぎで自閉症になることはないということです。自閉症は脳障害であり、育て方とは関係ないというのが、専門家集団のコンセンサスです。

ところが、いまだに自閉症児のお母さんが「育て方が悪い」「テレビの見せすぎ」などと責められることがあります。私が医者になった頃は、マンションの五階以上には自閉症児が多いという説もありました。テレビの問題と同じ発想で、普段から人と接していない、人と喋っていないから自閉症になったというわけです。

自閉症は元々喋れない、コミュニケーションができない病気であって、喋らなかったから喋れなくなったわけではありません。

自閉症などの発達障害の問題については第五章で詳述しますが、その他ＡＤＨＤやアスペルガー症候群、学習障害（ＬＤ）なども含めて、すべて脳の障害であることをしっかり理解する必要があります。

話を元に戻しましょう。このような思いもあり、ある程度の批判は覚悟の上で、脳神経の専門家集団として提言を出したわけです。

生活からテレビを排除すれば、育児の問題が解決するものでもありません。

専門家からは「テレビをやめて積極的に外遊びをしましょう」「自然の中で遊びましょう」という意見が聞かれますが、お母さんたちは進んでテレビを見せているのではなく、地域に出ても同世代の子どもがいない、昔と比べて自然がなくなった、という問題もあるのだと思います。地域社会の形骸化とそれにともなう親の孤独が、外に「出られない」という状況を作りだしているのではないでしょうか。

多くの親は、テレビの長時間視聴がよくないことを自覚しており、見せる内容にも気を遣っています。生活の中からテレビを排除するだけではなく、一日に六時間も七時間も子どもにテレビを見せる親の背景に何があるのかを考えなければ、問題の根本的な解決にはならないのです。

したがって、私たちの生活スタイルと、子どもにとって望ましいテレビ視聴のあり方のバランスをとりながら、これらの検証を進める必要があるのではないでしょうか。

「心の問題」と育児不安

ここ数年、医学や心理学で使われる専門用語が、広く一般に使われる傾向があります。

子どもの登園拒否について悩んでいる三〇代後半のJさんは、登園の様子について私に話をしたあと、こう言いました。

「先生、そんな『症状』が出てきたときは、どうすればいいでしょうか」

私は、子どもの登園拒否に『症状』という言葉が使われたことに違和感をおぼえました。

「症状」とは、いうまでもなく、病気や疾病の状態を言います。

また、子どもが泣きわめいているのを見て、「パニック（障害）ですね」と言った専門家がいました。この言葉にも私は驚きました。パニックとは、突発的な動悸やめまいなどの発作に襲われたり、再発への恐怖心にとらわれたりする精神障害の一つだからです。

「甘え」と「自立」が芽生え始めた時期の子どもの登園拒否は、通常の発達の範囲内の行動です。「パニック(障害)」についても、その子の状態が「病気」や「異常」に相当するかどうかを判断するには十分な配慮が必要です。

最近、お母さんたちと話をしていると、子どもの「心の問題」に非常に関心が高く、また「普通の発達の範囲」と「異常なこと」が混同しているように感じられます。

次に紹介するのは、東京近郊に住む一歳一〇カ月の男児T君と母親のKさんの話です。

Kさんは、第二児出産のため、T君と一緒にしばらく実家で過ごすことになりました。T君は、生まれたときから癇癪がひどく、Kさんにとって、肉体的にも精神的にも大変根気のいる子どもだったようです。実家で暮らすようになると、T君の癇癪は日増しにひどくなりました。

Kさんは、T君を連れていったん自宅に戻り、近所の友人を自宅に招いてT君の気持ちを落ち着かせようとしましたが、表情は晴れませんでした。Kさんは、「仲の良い友だちと離れてストレスを感じているのだろうか」「妹ができたから気持ちが不安定になっているのだろうか」と、T君の痼癪の原因を考え続けました。

ところがしばらくたって、Kさんはあることから T君の癇癪の原因が他にあることを知ります。昼寝の前になると、特に癇癪がひどくなるのです。Kさんは、その時初めて、外で思い切り遊ぶ時間が減り、エネルギーが発散できなくて泣いていたのだということに気が付きました。幼い子どもが心理的な負担を抱えているのではないかと考えることは、とても辛かったと言います。

テレビや新聞、インターネットなどを通じて、「心の問題」をテーマにした多くの情報が提供される時代です。医者や精神科医などの専門家が使う専門用語が、一般的な言葉として定着することも少なくありません。しかし「心の問題」は、子どもの成長発達の一つの側面であって、すべてではないということを知っていてほしいと思います。

誉める育児にこだわる

Dさんが百貨店に行ったとき、一緒にいた三歳の長男が玩具売り場で玩具を買ってほしいとひっくり返って大騒ぎになりました。数日後、たまたま子育ての講演会に参加したDさんは、講演者に「そんなときは、どう言ってきかせたらいいのでしょう」と質問をしました。

すると、その講演者はこう答えました。

「お母さん、そんな場合は子どもに寄り添うんです。寄り添って、受け入れて、子どもがいったい何をしたいのか、何を求めているのかを一緒に考えてあげてください」

そう言われて「怒っちゃだめか」と反省しているDさんに、私が、

「子どもに玩具を買ってやる気がないのなら、パチンと叩いて引っ張って帰ってくればいいんじゃないの」

と笑いながら言うと、Dさんは真顔でこう答えました。

「先生、違うんです。最近は、子どもを叱らないんです。寄り添って、受け入れて、誉める育児がいいんです」

子どもに寄り添い、受け入れ、理解し、誉める。私の経験からいえば、これは非常に難しいことです。子育ては、目が覚めたときから怒りの連続です。早く起きなさい、歯を磨きなさい、ご飯を食べなさい、顔を洗いなさい、遅刻するぞ！　確かに「叱ること」は親の一時の感情でもできます。しかし、「受け入れる」ことには親の我慢が、「誉める」ことには日頃からの根気強い観察が必要になります。

とはいえ、子どもは、誉められ受け入れられるだけでなく、叱られたり拒否されたりする

ことでも人間関係を学びます。親が自分の感情を抑え、子どもの気持ちを受け入れて、衝突を起こさないと、子どもは一方通行の人間関係しか学べません。

子どものとった行動が周囲に悪い影響を与えた場合、そのことを知らせる方法としてパチンと叩くことも時には必要です。また、うまく叱ることも、大切な育児の一つです。そして、なぜ自分が親に叩かれたのかを子ども自身にも考えさせればいいのです。

時折、「親の気分がすっきりするから叩くのだ」という人がいます。しかし、我が子を叩いて晴れ晴れした気分になる親などいないでしょう。

あるお母さんは、二歳の子どもに初めて本気で手をあげたとき、罪悪感や悲しさがこみ上げてきて、涙が止まらなかったと言いました。子どもを叩いたときの手の痛さは、我が子が可愛くて仕方がないということの証でもあります。親と子は、衝突と受容を繰り返しながら、ともに成長していくものです。ですから親は、子どもを叱ることから逃げてはならない、と私は思うのです。

教育に自信をなくした親たち

育児不安の最後に、ＮＨＫが二〇〇二年に行った調査を紹介しましょう。114ページの図3

の「どういう親か」を見てください。これは、親が子どもにどう接しているのかを、父母、中高生にそれぞれ尋ねたものです。

調査によれば、「子どもに対してやさしくあたたかい」「子どもにいろいろなことを話す」「勉強や成績についてうるさく言う」「子どもに対してきびしい」に対する回答は、両親も子どもも、ほぼ同じ回答率です。

一方、「子どものことをよく分かっている」という問いには、六二％の子どもがお父さんについて「そうだ」と答えているのに対し、お父さんは約半分の三二％です。お母さんについては、子どもの七八％が「子どものことをよく分かっている」と答えていますが、お母さん自身は五一％しか「そうだ」と答えておらず、八二年の同じ調査から大きく減っています。

また、「（親は）子どもに対してきびしいほうだ」という問いに、「そうだ」と答えた中高生の数も減少しています。二〇年前と比べて、子どもは「親は厳しくない」と感じる傾向が強くなり、親は「子どものことがよく分からない」と感じていることが分かります。

同時に、両親ともに、子どもの「自由を尊重する親」でありたいと考えているようです（図4）。子どもに注意をし、厳しくしつけるというよりも、子どもの言い分を聞き、自主性を重んじる傾向が年々強くなっています。

調査結果にあるように、厳しくしつける親がいなくなった、と私も感じています。単に親が優しくなった、というよりも、親自身が自信をなくしているのではないかと思います。

高校教師のGさんは、「親の自信のなさが、怒りとなって教師に跳ね返ってくる」とこぼしています。「自信のなさ」は、次のアンケートにも反映されているようです。

六カ国のお母さんに、「子どもの成長についての満足度」を聞いたアンケート調査によれば、六カ国中日本が一番低いのです（118ページの図5）。

子どもの自主性を尊重しつつ、その成長には満足していない矛盾した親の姿が浮かび上がります。これらのアンケート結果が何を意味しているのか考えてみましょう。

育児に追われる日々への不満

男女雇用機会均等法の制定により、働く女性の処遇もわずかながら改善され、女性の社会進出は顕著になりました。「女性は結婚して出産する」という価値観はもはや過去のものになりつつあります。女性たちは、家の中の生活だけでなく、仕事や趣味を楽しむ自由を手に入れたように思います。また、男性の育児参加も、私の世代では考えられないほど進んでいる印象を受けます。

図3　どういう親か

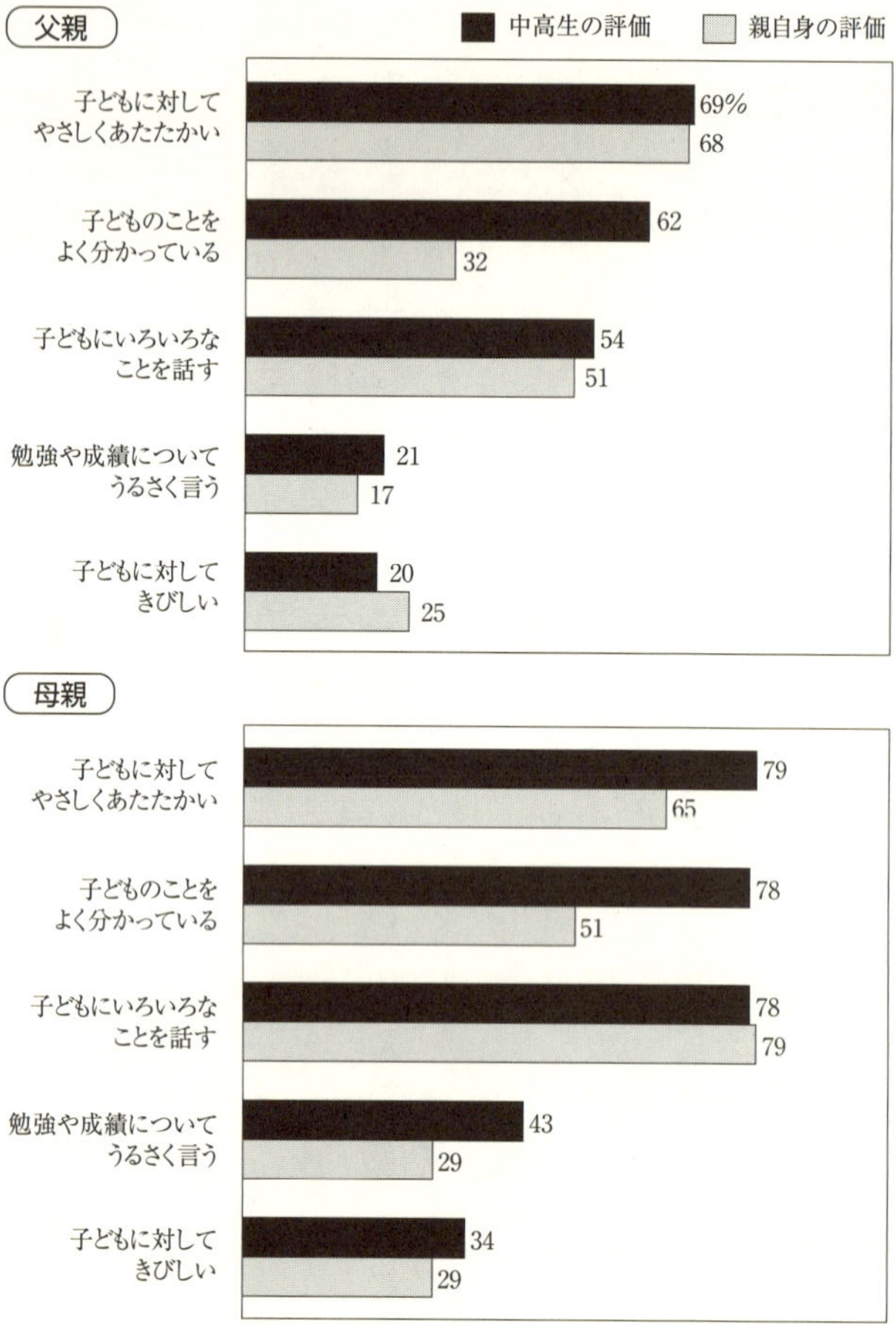

いずれも『中学生・高校生の生活と意識調査』NHK放送文化研究所編、NHK出版より

図4　どういう親でありたいか

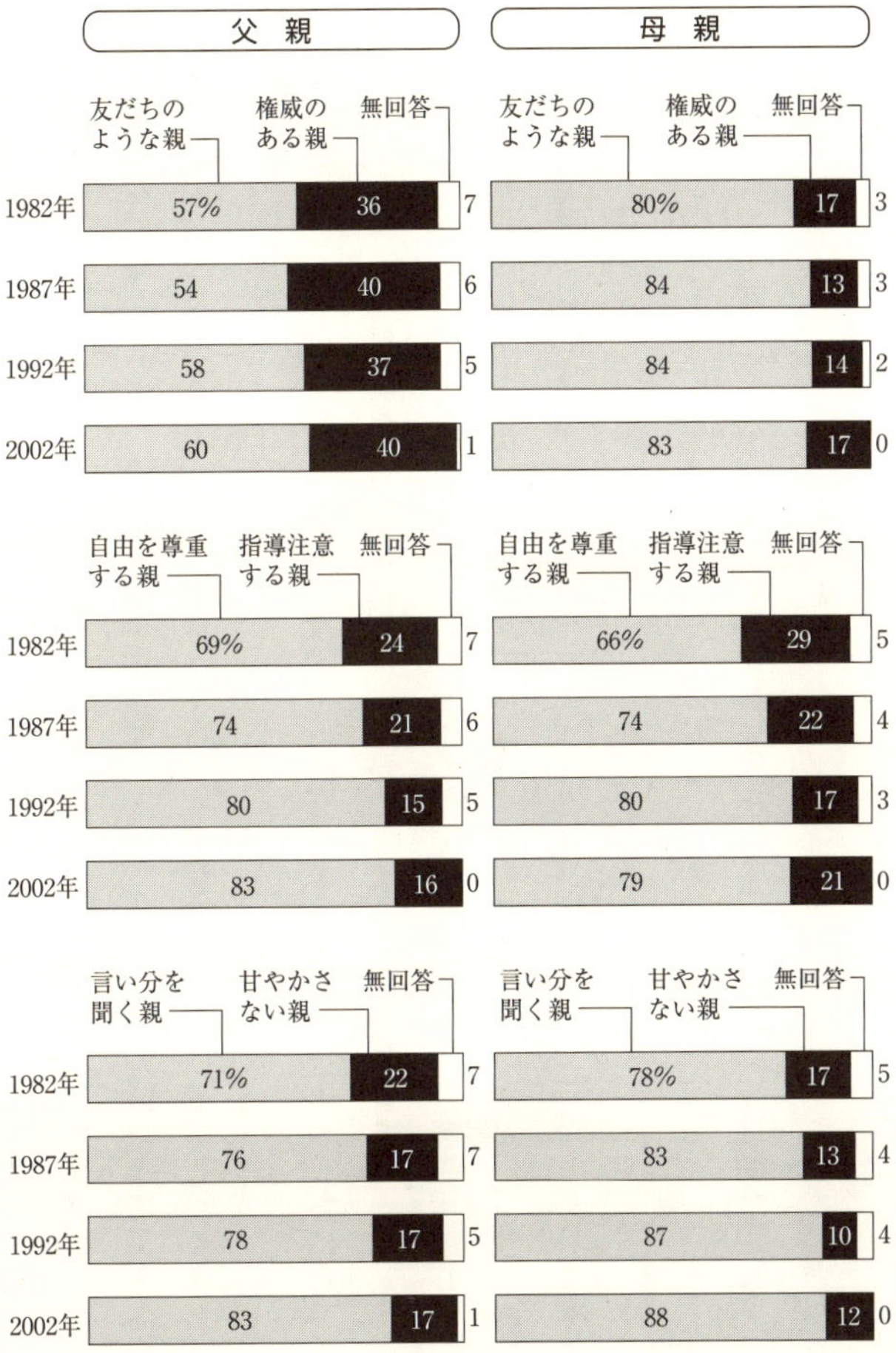
父親
母親
友だちのような親
権威のある親
無回答
1982年 57% 36 7
1987年 54 40 6
1992年 58 37 5
2002年 60 40 1
友だちのような親
権威のある親
無回答
1982年 80% 17 3
1987年 84 13 3
1992年 84 14 2
2002年 83 17 0
自由を尊重する親
指導注意する親
無回答
1982年 69% 24 7
1987年 74 21 6
1992年 80 15 5
2002年 83 16 0
自由を尊重する親
指導注意する親
無回答
1982年 66% 29 5
1987年 74 22 4
1992年 80 17 3
2002年 79 21 0
言い分を聞く親
甘やかさない親
無回答
1982年 71% 22 7
1987年 76 17 7
1992年 78 17 5
2002年 83 17 1
言い分を聞く親
甘やかさない親
無回答
1982年 78% 17 5
1987年 83 13 4
1992年 87 10 4
2002年 88 12 0

ところで、総務省がまとめた統計によれば、二〇〇四年四月一日現在の子どもの数（一五歳未満）は約一七八一万人です。これは二三年連続の減少で、総人口に占める割合も一三・九％と過去最低を記録しました。また、日本中のすべての世帯で、一九歳以下の子どものいる世帯の比率は二八％です。つまり、全世帯のうち、子どものいない世帯が七〇％以上も占めていることになります。

単純に考えると、女性が個人の生き方を優先する機会を手に入れ、一生のうちに育てる子どもの数が減少したことは、育児負担の軽減につながったように思われます。

ところが現実には、一定のキャリアを掴んだ女性が出産を契機にキャリアを手放したこと、核家族化による知恵の伝承の喪失、地域社会の形骸化、育児情報の氾濫などが、親の育児負担をさらに増大させています。『お母さんのカウンセリング・ルーム』に載せられた女性のコメントを紹介します。

「私は、慢性的な欲求不満状態に置かれている。家事と育児では私の心は満たされず、何かほかのものを求めている。なぜ私だけが狭い世界に子どもと閉じこめられなければならないのか」

また、三歳児の母親は、こんなふうに言います。

「毎日毎日子どもといて、会話をするのもイヤになるときがある。自分の肩に手をかけられるのもイヤなときがあるんです。それなのに、誰かとファッションの話がしたいなぁ、一人でゆっくりお茶が飲みたいなあと考えている自分がいる。そんな自分に嫌気がさします。

子どもの成長を見て、可愛いなあと思うときもあるし、その時々で気分がコロコロが変わります。でも今は、『自分の人生を子どもに合わせてあげている』とか『こんなにやってあげているのに』という気持ちの方が強いように思います」

子どもを産んでも働く女性が増えたとはいえ、多くの女性は、出産から数年は社会に出て働くことや、自由に生活することをあきらめることになります。

もう少し、『お母さんのカウンセリング・ルーム』からお母さんの声を紹介します。

図5　子どもの成長についての満足度

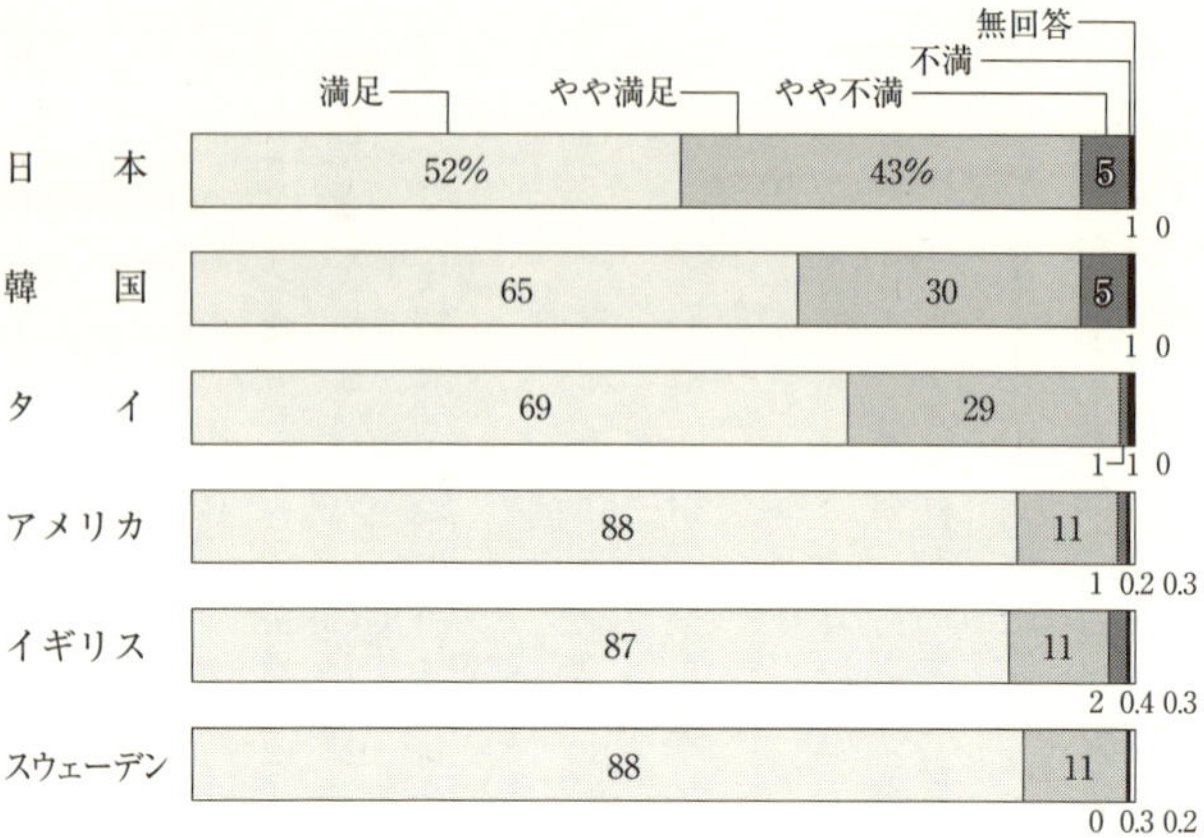

「家庭教育に関する国際比較調査　平成5年文部省」より

「仕事って、ものすごく面白いなあっていうのを感じて、一番乗り切っていたときに、やめたんです。パタンとストップして、それで、お茶を飲んで子供と遊びましょうというのが、がまんできなかったんですね。そのころは仕事をやめた悲しさも手伝って、指導という仕事を、そのまま我が子に置き換えたという感じでしたね」

これは、早期教育について取り上げていたテレビ番組（『ＮＨＫスペシャル　新・日本人の条件』）で、「優秀児のお母さん」として紹介された人のコメントです。親のやり場のない感情が子どもに向かっているのが分かります。

育児は他人には分からない世界

子どもを持つ喜びは、何物にも代え難いものです。しかし、毎日毎日夫や子どものために家事をしても誰も誉めてくれない、夫は家事も育児も妻任せで、何かすると「手伝ってあげている」という意識が感じられ、妻は「ありがとう」「ごめんね」と感謝しなくてはならない。そんな現実があるのも確かです。

毎日が育児と家事の繰り返しという状況に満足できないのは、キャリアをあきらめた現代女性に限ったことではありません。六〇代の女性は、今から三〇年前に、「三人目を産んだときに、（社会に出ることへの）あきらめがついた。私の仕事は育児」と割り切ったと当時のことを語っています。再び、三沢さんの言葉を借りましょう。

「多くの専門家の方々は、育児は妻に任せきりの男性であったり、あるいは独身でバリバリと働いている人々が中心であるために、世の母親がどのような気持ち、どのような状況で育児に当たっているかについて、あまり具体的に理解していないのではないでしょうか。

赤ちゃんを抱えて、毎日家の中に閉じ込められ、来る日も来る日もおむつを換えたり、泣く子をなだめたり、洗濯をしたりという毎日を送っていると、どのような気持ちになっていくか、やはりそれは、実際に体験してみないと、けっしてわからない世界なのです」

子どもに肩を触られるのもイヤなときがあると話したお母さんは、次のように述べています。

「OLだったときも、会社に不満がありました。もし今、結婚せずに働いていても不満があったでしょうね。手のかからない子どものお母さんを見ると、『楽でいいなあ』と思いますし、結局、隣の芝生が青く見えるだけなんです」

彼女たちは、「実際に体験してみないと、けっしてわからない世界」と思いつつ、不満を持つ自分を肯定していませんし、不満を口にすることがよいことだとも思っていません。なぜなら、「子どもは母親が育てるものだ」という社会通念が女性たちを暗に縛りつけているからです。その社会通念を一番分かりやすく表した言葉が「三歳児神話」です。

子育てはお母さんだけのものか

女性にとって仕事との付き合い方が変化するのは、結婚と出産です。とくに出産は、女性の生き方を大きく左右します。常に育児が、母親とセットで考えられるからです。「三歳児神話」は、子どもが三歳までは母親の養育が非常に重要であるという考え方です。子どもを持つ女性の就労意識の高まりによって保育所整備に目が向けられるようになったとはいえ、「三歳児神話」の信仰には根深いものがあります。

そもそも三歳児神話のもととなったのは、ジョン・ボウルビィという医師が行った「子どもの福祉」という調査にあります。

彼は、戦争で親を亡くした子どもたちの発達状態を、福祉関係者や戦災孤児への聞き取りから『乳幼児の精神衛生』という一冊の本にまとめました。

『乳幼児の精神衛生』には、「母性的養育の喪失による病理的不安定な子どもの創出」が明記されています。つまり、幼い頃に母性的な養育を十分に受けられなかった子どもは、病的な発達を示し、それは全生涯にわたって影響するというものです。これがのちの「三歳児神話」へと発展し、欧米をはじめ先進諸国に幼少期の母性の重要性が広まる契機となりました。

しかし、アメリカで行われたある調査では、保育士などの第三者による保育によって母子関係が改善されるなど、母親の育児が不可欠であるとはいえないことが判明しました。今では、乳幼児期の子どもの発達に母親の愛着がかかせないという三歳児神話は必ずしも当てはまらないと考えられています。

ボウルビィ自身も、三歳児神話について慎重な考えを示していますが、三歳児神話の考えは今日においてなお育児に影響を与えています。

例えば、少年犯罪に代表される青少年の問題では、常に母親の養育態度が問われます。三歳児神話の弊害は、「親の愛情をことさら強調したこと」、そして、「子育てを女性だけのものにしてしまったこと」にあると私は思っています。その結果、「保育者（主に母親）の孤立」、つまり育児不安を一人で抱え込まなければならない状況を生みだしたのではないでしょうか。

児童虐待

親の孤立が招く最悪のケースは、児童虐待問題です。子どもへの虐待行為に及ぶ親は、次第に周囲との関係が希薄になり、閉鎖的になり、やがては関わりを絶とうとします。

大阪府豊中市で起きた女児が虐待され死亡した事件では、母親が近所の人から娘について「年齢の割に小柄」と言われたことがきっかけとなって、自宅マンションに引きこもるようになり、ストレスをため込むようになったそうです。女児と双子の弟が重度の障害を抱えていたことへの負担と、女児の発達の遅れに悩み、女児への虐待がエスカレートし、我が子を死に至らしめる最悪の結果となったのです。

以下は、二〇〇〇年五月に公布された「児童虐待の防止等に関する法律」の定義です。

【児童虐待の定義】

第二条　この法律において、「児童虐待」とは、保護者（親権を行う者、未成年後見人その他の者で、児童を現に監護するものをいう。以下同じ。）がその監護する児童（十八歳に満たない者をいう。以下同じ。）に対し、次に掲げる行為をすることをいう。

一　児童の身体に外傷が生じ、又は生じるおそれのある暴行を加えること。

二　児童にわいせつな行為をすること又は児童をしてわいせつな行為をさせること。

三　児童の心身の正常な発達を妨げるような著しい減食又は長時間の放置その他の保護者としての監護を著しく怠ること。

四　児童に著しい心理的外傷を与える言動を行うこと。

以上のように、虐待には大きく分けて四つの形態があります。もう少し分かりやすく、『新・保育士養成講座／養護原理』から説明します。

「殴る、蹴る、火傷をさせるといった、主に身体的な暴力を加えるものを身体的虐待という。食事を与えない、お風呂に入れないなどといった子どもの成長に必要な適切な養育を行わないことは、ネグレクト（無視や放置・筆者注）と呼ばれる。性的行為を強要される、体に触られる、性的なビデオや性行為を見せられるといったものを性的虐待という。そして、子どもを無視する、拒否する、怯えさせる、悪い行動をそそのかすなどのことを、心理的虐待といっている。これらの虐待の程度はさまざまであり、またいくつかの形態が重なっていることも多い。

しかし、虐待を受けた期間や程度は重なっても、そもそも虐待体験自体が子どもの成長にとって破壊的なダメージを与えるものであり、子どもに対する心理的・発達的影響は計りしれない。虐待環境から逃れられても、その体験は子どもの心の中に依然として存在しつづけ、子どもを痛め続ける。虐待体験の影響は時間が経てば自然に消えるというものではなく、適切な治療的援助が与えられなければ、おとなになってもさまざまな行動・対人関係上の問題を引き起こし続けることになる」

この中に「その体験は子どもの心の中に依然として存在しつづけ」とありますが、それに、乳幼児への暴力は脳に直接損傷を与える行為である点を付け加えたいと思います。

また、暴力行為による直接的な損傷はなくても、繰り返される虐待は子どもに衝撃とストレスを与え、精神状態を不安定にし、減食などによって脳の発達を阻害します。

虐待問題の多くは、「トラウマ」によって解釈されますが、心に与える傷だけでなく、脳の様々な損傷についても、今後の研究が急がれます。乳幼時期の記憶にかかわらず、子どもの発達に多大な影響を与えるのです。

虐待撲滅ローラー作戦は有効か

虐待防止への取り組みは十数年前から始まっていますが、相談件数も虐待の数も年々増え続けています。増加の原因は、おそらく先述の「児童虐待の防止等に関する法律」が成立したことによって各都道府県が積極的に対策に乗り出したためといわれます（図6）。つまり、法律施行以前は見過ごされてきた虐待も把握できるようになったということです。

虐待件数や相談件数の急激な増加にともない、行政はアンケート調査や家庭訪問を実施し、虐待撲滅ローラー作戦を開始しています。ある県では、虐待防止のためのアセスメント指導として、各家庭の両親と子どもの関係を評価項目にまとめました。その一部を紹介します。

【「早期に継続した支援が必要」な家庭】

・婚姻の状況：子連れ再婚又は内縁関係、未婚
・父母の年齢：母親は一〇代
・出生時の児の状況：先天性等の疾患あり、極低出生体重児（未熟児）、多胎
・発達・健康状態：発達の遅れあり、慢性疾患・障害あり（それを親が受容できず）、著明な虫歯、歯肉や舌に傷
・子どもとの関わり方、子どもへの感情・態度：不自然さがある、抱けない、物のように扱う、あやさない、子どもと視線を合わせない（以下略）
・健康状態、精神状態・性格等の問題：精神状態で子どもを傷つける危惧がある、精神疾

図６

◆虐待の全相談件数の推移

（件）

	平成８年	９年	10年	11年	12年	13年
全相談件数	317,455	326,523	336,241	347,833	362,655	382,016

（厚生労働省　社会福祉行政報告例　各年度末現在）

◆虐待相談処理件数の推移

（件）

	平成８年	９年	10年	11年	12年	13年
虐待相談処理件数	4,102	5,352	6,932	11,631	17,725	23,274

（厚生労働省　社会福祉行政報告例　各年度末現在）

患の未治療や治療中断あり（略）、衝動的、暴行歴あり

・依存症の問題：アルコール依存、ギャンブル等の問題あり、シンナー・覚醒剤等乱用等の問題がある（過去の使用歴含む）

・夫婦・家族関係：夫婦間暴力、夫婦の対立・混乱、祖父母との対立（略）、父親の家出（略）、夫の死

・経済状況：経済基盤が不安定（略）、失業中、借金癖

・生活状況：近所付き合いがない・又はしない等地域や近隣から孤立（以下略）

【「継続した支援が必要」な家庭】

・婚姻の状況：離婚
・父母の年齢：母親が四〇歳以上、父親一〇代
・妊娠状況：妊娠・出産歴が多い、切迫流産等で長期入院歴あり、検診回数少ない
・出産状況：初産、突然の早産、第一子一〇代で出産、育児不安の訴えあり（以下略）
・出生時の児の状況：低出生体重児
・発達・健康状態：発達の遅れや障害等あるが、親は受容している、病気にかかりやすい
・健康状態、精神状態・性格等の問題：攻撃的、未熟性格、うつ的、こだわりが強い、表情が堅い（以下略）
・夫婦・家族関係：夫婦間の不満、夫の協力がない、ひとり親家庭、親族との不仲（以下略）

この評価表には、「離婚の有無」や「結婚年齢」「未熟児」「先天性疾患」など、個人の生活にかなり踏み込んだ内容が含まれています。両親の結婚や出産状況だけでなく、総合的な判断から、対応が迫られる虐待問題への歯止めの一つとして作成されました。

「親の責任」で虐待は解決しない

虐待の原因は一つに特定できず、親の経済状態や家族関係、周囲の環境など、いろいろな要因が重なった結果起こるものだと思います。しかし、児童虐待問題の難しさは、虐待撲滅ローラー作戦のように「リスク因子の高い親」を探し当て、彼らを追いつめても解決できない点にあります。

なぜなら虐待は、相談相手がいない、周囲から十分な理解が得られないなど、「実際に体験してみなければ、けっして分からない世界」とまでいわれる育児の状況を作り出している社会全体のあり方が関係しているからです。

虐待撲滅ローラー作戦は、各家庭への監視機能を強化し、失敗の許されない社会を作り上げます。また、調査項目が細分化されれば、虐待の相談件数が増え、さらに親の気持ちを硬直させてしまいます。

現在、虐待への対処法は、事後処理というかたちでしか解決の手立てが見つかっていません。しかし、たとえ事後処理でも、社会が虐待をした親を支えるシステムを作り、機能させ、それを親に示すことができれば、すぐに効果は期待できなくても、育児不安による虐待を軽減することはできるのではないかと私は思っています。

日本がまだ貧しかったころ、各家庭の扉は開けっ放しで、近所の子どもが自由に出入りしていました。安心できる環境の中で、子どもたちは自分たちの遊びの世界を形成し、親も親同士で交流がある。そのような風景が当たり前のように見られました。「鍵をかけないこと」が、逆に地域の安全を守る役割を果たしていたのかもしれません。

しかし、社会が豊かになり、核家族化が進むと、私たちは自分の家に鍵をかけるようになりました。防犯機能は強化されましたが、家族以外の人を家に入れることも減り、地域の交流が失われていきました。

虐待の早期発見と早期処置は非常に重要です。これまでの虐待では、何らかのSOSが出ていたのに、放置されたまま見過ごされてしまいました。反面、調査と監視を強化徹底すればするほど、その責任は親に向かい、親は安心して育児ができなくなります。

大事なことは、たとえ虐待の徴候が見られても、「多少のことならいつでも取り返せる。みんなで子どものことを考えよう」と、虐待をした親とその被害者となった子どもを社会全体で支えることです。

誰かが助けてくれるという安心感が、児童虐待だけでなく今日の育児不安や不満の解消につながるのではないでしょうか。

第四章　地域社会と子ども集団

本章では、育児不安を解消する打開策として「地域社会」を挙げ、具体的な提案をしてみたいと思います。

限界にきた「母親ががんばる育児」

第三章では、日本の育児環境を深刻にさせている理由は、子どもの欲求が分からない、出産前の育児経験が不足しているなど親の側の問題や、「手がかかる」といった子どもの側の問題に加え、家族の協力が得られない、近所に話し相手や相談相手がいないといった、親の置かれている状況にあると述べました。

また、三歳児神話をベースにした、育児は親（母親）だけのものという考えや、女性の生き方や就労を無視した従来の発想に限界が見られることは、前述のとおりです。

これまでのように、女性の努力により多くを求めたり、女性だけに育児の責任を押しつければ、今後ますます育児は楽しくないもの、辛いものになっていくのではないでしょうか。

子育てを社会との断絶と捉える方がいます。確かに、「会社で働くこと」だけを社会参加と考えれば、育児中のお母さんは社会と断絶していることになります。しかし見方を変えれば、大人だけでは、地域と関わりを持ちたい、地域に貢献したいと思っても、きっかけは掴みにくいものです。

結局、みんなが気づかなかっただけで、子どもが地域と親とを結びつけてくれていたのではないでしょうか。

地域の保育力を奪った学校

一八世紀後半、イギリスにおいて展開した産業革命は、資本主義経済を本格的に確立しました。産業革命以前は、子どもは貴重な労働力の担い手で、物心が付いた頃には工場で働かされていました。しかし将来、国が近代化をはかり、発展するためには、優秀な人材の育成が必要でした。そのため初等教育の重要性が高まり、これまで工場で働いていた子どもたちは学校に集められ、一斉に勉強をするようになりました。このような学校の形態は、現代まで続いています。

ただ、子どもが劣悪な環境から解放され、教育を受ける権利を得たことは、地域社会から子どもたちを切り離すという側面も同時に持ち合わせていました。子どもたちに十分な教育を与えることができた反面、地域で子どもたちを見る必要がなくなってしまったのです。

ドイツの社会学者ジンメルは、著書『社会学の根本問題』で、「人間の社会関係」について、次のように述べています。

「人間の社会関係は、絶えず結ばれては解け、解けては再び結ばれるもので、立派な組織体の地位に上ることがなくても、永遠の流動及び脈搏として多くの個人を結び合わせるものである。人間が見つめ合う、嫉み合う、手紙のやりとりをする、午餐《ごさん》を共にする、これという利害がないのに同情や反感をもって触れ合う、親切への感謝から二度と解けぬ絆が結ばれる、誰かが誰かに道を尋ねる、互いに相手のことを考えて着飾ったり化粧したりする。（略）ここに見られる相互作用というもの、これこそ、社会という極めて明白でありながら謎の多い生命体が強靱であり弾力がある所以、多彩であり統一がある所以なのである」

このような人間同士の有機的なつながりは、かつては親や隣近所などの地域社会が担ってきたのではないでしょうか。ここからは、私たちが地域社会を考える上で参考となるベトナムの育児環境を紹介したいと思います。

ベトナムの母親への意識調査

二〇〇三年一二月、私は「母親の地位と育児文化の違い」をテーマに、ベトナムの小児科医と共同で調査を行いました。図1～5はベトナムの都市のお母さんへのアンケートをまとめたものです。

一つ目の質問は、「赤ちゃんが泣いたとき、どうしますか?」です（137ページの図1）。最も多い回答は、「理解させるために話しかける（語りかけたり言い聞かせたりする）」で、次いで「食べ物を与える」「歌をうたってあげる」という結果が出ました。

図2は、「赤ちゃんが癇癪を起こしたときの対応」を問うものです。もっとも多いのは、「ピシャリと叩く」でした。

また、「母乳と人工栄養の比率」では、母乳が三五・〇%、人工栄養が二三・三%、両方が四一・七%でした（138ページの図3）。図4は「赤ちゃんや子どもへの本を読み聞かせ」の有無を尋ねたものです。「いいえ」と答えたお母さんが五六・七%、「はい」が三八・三%でした（残りは無回答）。

また、「あなたは、赤ちゃんの世話を規則的（定期的）に行いますか、そのときに応じて世話をしますか」という質問には、「規則的に見る」と答えたお母さんが二三・三%、「そのときどきで」と答えたお母さんは六八・三％、「両方」が八・三％で、七割近いお母さんがそのときに応じて赤ちゃんを見ているということでした（図5）。

次の二つは、「子どもを持つこと」について尋ねたものです。日本の女性の価値観とはかなり違ったものであることが分かります。

一つ目の質問は、「ある年齢に達したら、子どもを持つことは当然ですか？」です。これに対し、「いいえ」と答えた人はわずか五・〇％で、残りの九五・〇％が「はい」と答えました。二つ目は、「子どもを持つ理由は？」という質問です。これには次のような結果がでました（複数回答）。

＊結婚したら子どもを産むのは当たり前……九五％
＊子どもを持つ喜びがあるから……六五％
＊家族の繁栄（家系の永続）……五三％
＊国家（ベトナム）への社会性と義務……三八％
＊すばらしい経験……三二％
＊老年を子どもに依存する……一三％

図１　赤ちゃんが泣いたとき、どうしますか？

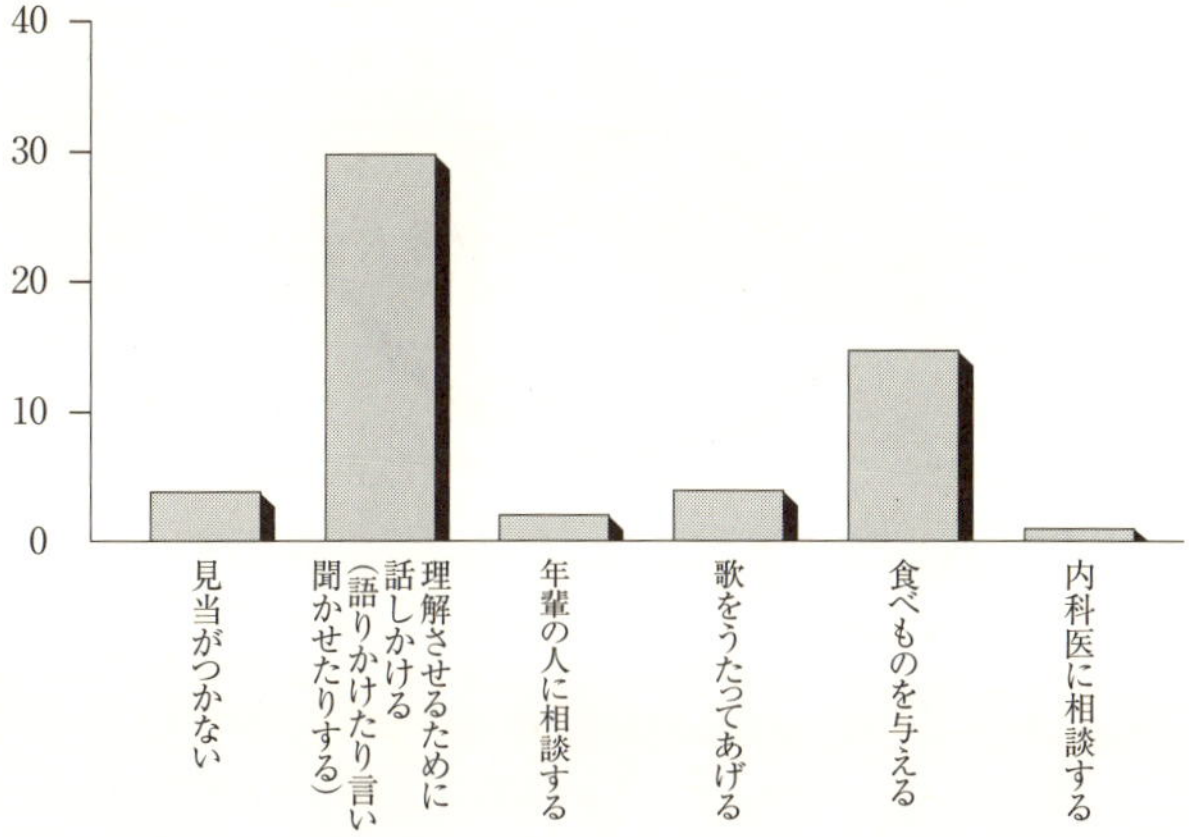

図２　赤ちゃんが癇癪を起こしたとき、どうしますか？

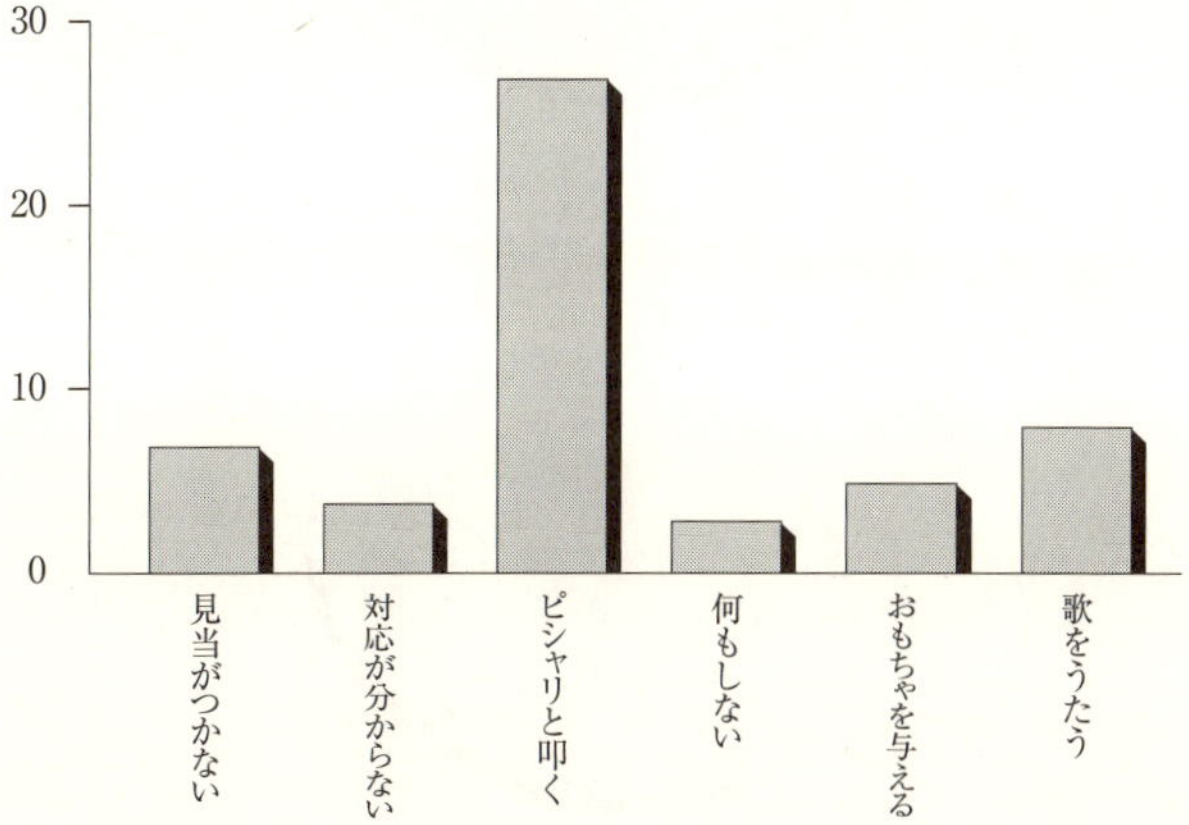

図3　あなたは母乳派ですか、人工ミルク派ですか？

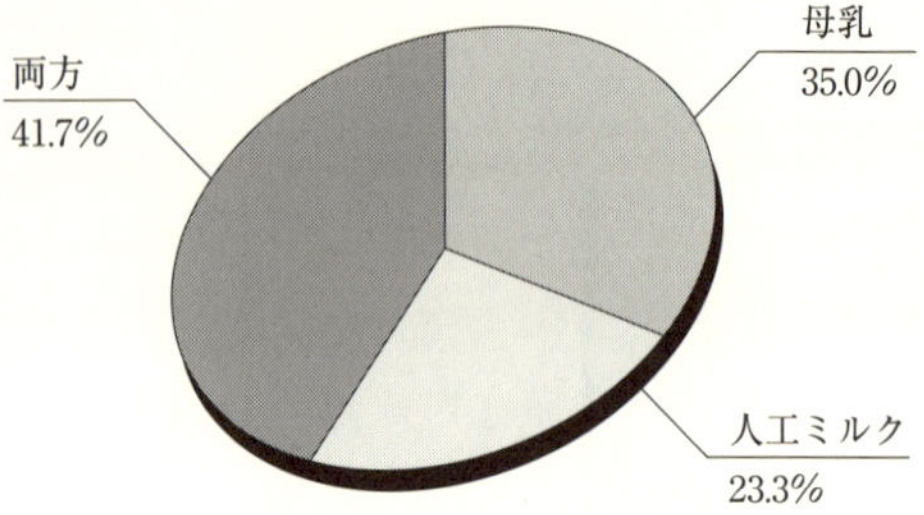

図4　赤ちゃんや子どもに本の読み聞かせをしていますか？

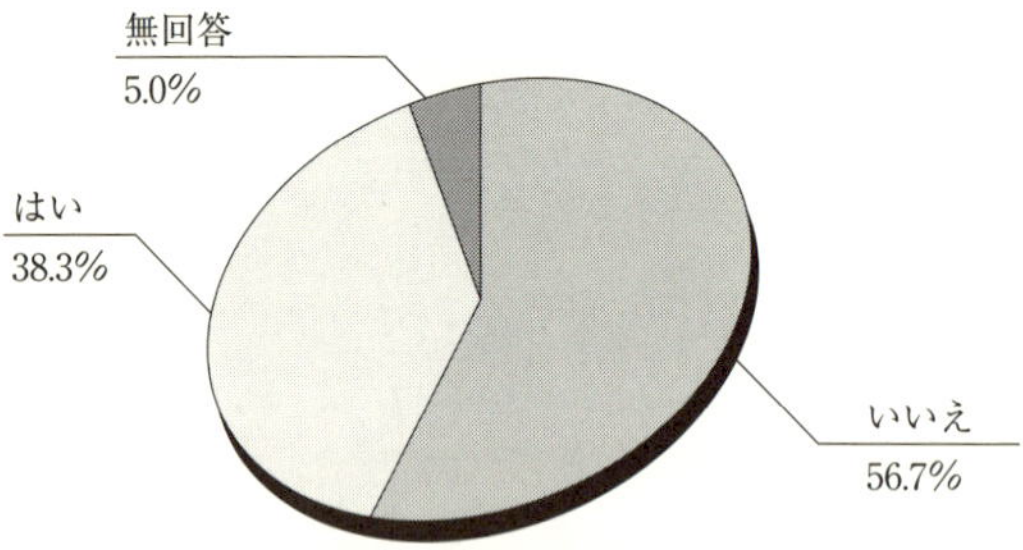

図5　あなたは赤ちゃんの世話を規則的（定期的）に行いますか、
そのときに応じて世話をしますか？

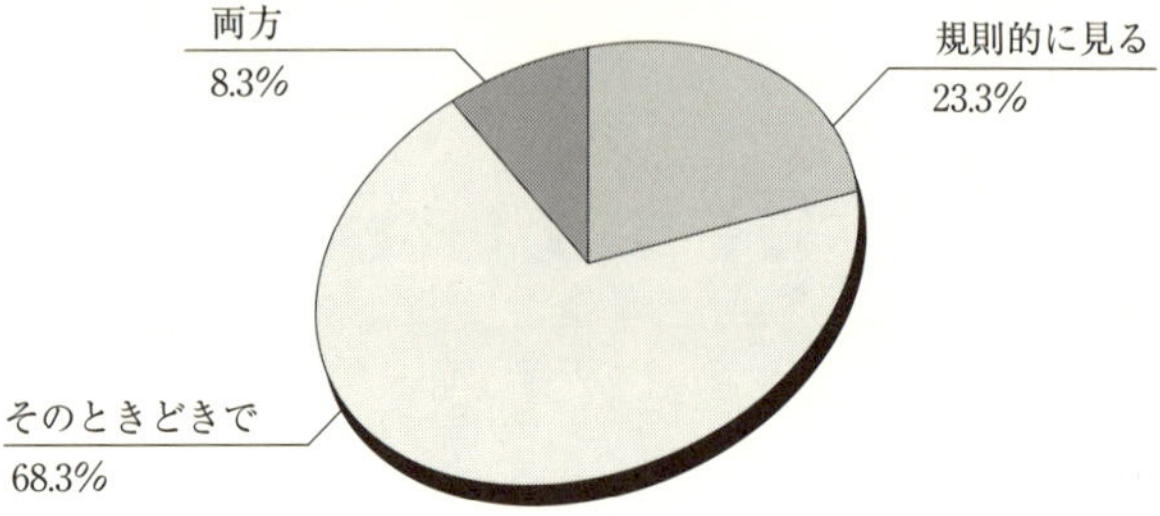

ベトナム女性にとって、結婚したら子どもを産むのは当たり前で、子どもを持つことは当然の喜びと考える人が大半を占めています。教育社会学が専門の、お茶の水女子大学の箕浦康子さんが行ったバングラディッシュでの調査でも同じような結果が出ています。

インドの隣国バングラディッシュ共和国は、九二％が自宅出産です。農村では母子保健が整っておらず、生まれたときの赤ちゃんの体重はほとんど把握されていません。また、結婚と出産が一〇代半ば（平均初婚年齢は一九六〇年代で一三〜一六歳、最近では一八歳。農村では早く子どもを産む傾向が強い）という女性が多く、乳幼児死亡率を始めとする母子への健康リスクも高いといわれています。

しかしベトナム同様、女性はごく自然に子どもを産み、育てます。箕浦さんの報告によれば、「子育てを楽しみたい」「出産はすばらしい体験」といった子育ての意義、あるいは逆に「子どもを持つことは親の人生を左右する」といった子育てのマイナス面を考える人はほとんどいないといいます。

さて、調査のあと、私は農村と首都ハノイの家族を訪れる機会に恵まれました。次に、異なる生活環境と育児との関係について二つの家族から考えます。

スォドリング

ハノイから車で一時間ほど走ったところに、人口一〇〇〇人程度の小さな村があります。村の道路は舗装されておらず、日中は大勢の人が道を行き交っています。家の入り口のドアは開けっ放しで、いつも誰かが出入りしています。

ちょうど食事時に訪問したので、私たち研究グループも一緒に「食卓」を囲むことになりました。床に広げられた料理を、お年寄りから孫たちまで、家族みんなが会話をしながら食べます。お母さんは、おばあさんや娘たちと一緒に食事の用意をし、床に寝かされた赤ちゃんは、家族の誰かが抱いたり話しかけたりしています。

まず、ベトナムの農村に残る変わった育児方法を紹介しましょう。赤ちゃんの写った写真を見てください。身体を布でぐるぐる巻きにされています。これは「スォドリング」と呼ばれる、人間がもっとも古くから行ってきた育児方法の一つです。どことなく、秋田県や宮城県の伝統工芸として有名なこけしに似しています。

京都大学霊長類研究所の正高信男さんは、スォドリングに関する世界的な調査を行い、『育児と日本人』にまとめています。

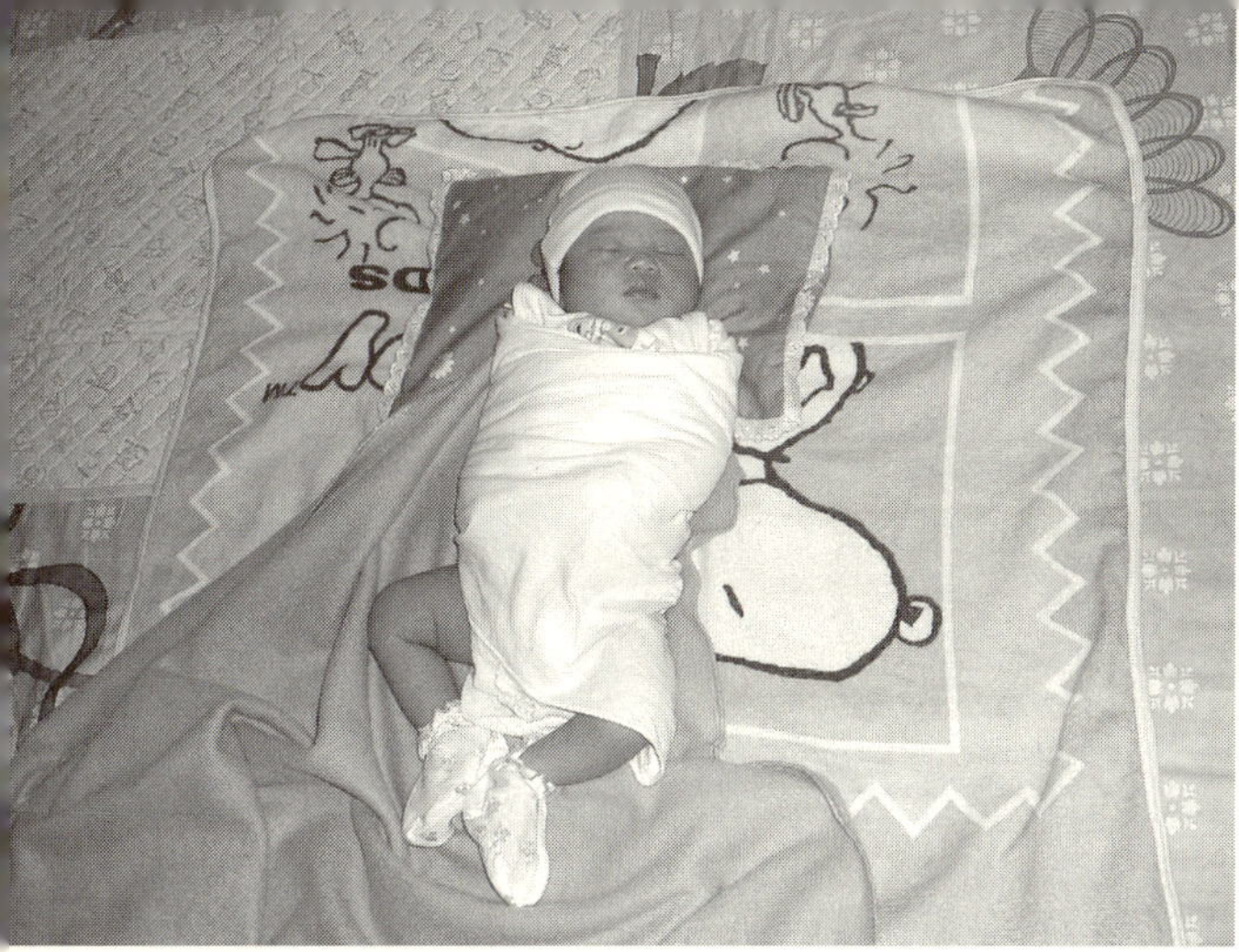

スォドリングされた赤ちゃん

農村の風景

食卓の風景。
左端奥は筆者

例えば、南米のボリビアという国に住む先住民アイマラ族は、生後すぐから満一歳くらいまでの子どもをスォドリングで育てます。ヨーロッパ全域でも、有史以来、ほんの数世紀前までスォドリングが行われていたことが分かっています。日本でも、四〇年ほど前まで、ところどころにスォドリングの風習があったようです。現在では南アメリカや中国西域部、モンゴル、ロシアなどにこの風習が残っています。

さて、アイマラ族のスォドリングには、いくつかの利点が見つかりました。

第一は、「赤ちゃんがあまり泣かない」という点です。軽く締め付けられた状態がお母さんの子宮の中での生活に似ているためか、赤ちゃんは比較的落ち着いた状態で一日を過ごします。

第二は、「持ちやすさ」です。つまり、「赤ちゃんが扱いやすい」という利点があります。中国のウイグル地区からきた留学生の話では、ウイグル地区では、父親が馬に乗るとき、スォドリングした赤ちゃんを親の背中に結わえて子守りをする部族があるといいます。

この「持ちやすさ」は、「誰でも赤ちゃんの面倒を見ることができる」という状況を作ります。ベトナムでは、兄弟や親戚、近所の人たちが交代で赤ちゃんを見ていました。「お母さん以外の育児」が、お母さんと赤ちゃんの間に適度な距離を作るようです。

第三の利点は、「女性の出産回数への影響」です。スォドリングをされている赤ちゃんは、されていない赤ちゃんより、お母さんとの接触回数が少なく、授乳の回数も減ります（一回の授乳時間は長くなります）。そのため、お乳への刺激が減り、離乳が早くなります。母親との接触と授乳の回数が多い一部の部族を除き、女性は生理が早く始まり、妊娠の可能性が高くなります。

スォドリングをするマイアラ部族は、スォドリングをしない部族より出産間隔が約一〇カ月も短く、多産の傾向が強いことが分かりました。

さて、私は農村のお母さんに、

「育児をするとき、何か心配ごとはありますか?」

「スォドリングはいつ終わらせるのですか?」

という二つの質問をしました。お母さんは、最初の質問には「特にない」と答え、二つ目の質問には、「時期がくれば外す」とだけ答えました。

都市と農村の育児環境の違い

農村の家族を訪れた後、私たちは首都ハノイで暮らす比較的裕福な家庭も訪問しました。

一家はマンション暮らし、農村にはないベビーベッドが置いてあり、日用品はすべて揃っています。夫は外に働きに出ていて、日中は妻と夫の母の二人が赤ちゃんの面倒を見ています。日本の一般的な家庭とよく似ています。

私は、農村のお母さんと同じ質問を、ハノイのお母さんにもしてみました。ハノイのお母さんは、「育児をするときの心配ごと」には「騒音」と答え、「スォドリングの終了時期」には、「ここは騒音がひどいので、急に布を外して赤ちゃんがびっくりすると思う。だから、いつごろ、どんなふうに外そうか迷っている」と話してくれました。

ベッドに寝かされた赤ちゃんを見ると、お母さんの配慮で、片方の手だけが布から外されていました。農村のお母さんは、布を外す時期がきたと思ったら気にせず一気に外します。一方のハノイでは、外す時期は家庭によって違い、お母さんは赤ちゃんの様子を気にしながら外していました。わずかな時間ではありましたが、農村と都市のお母さんの赤ちゃんに対する気遣いの違いを見ることができました。

ベトナムは、一九八六年に、政府がドイモイ政策（市場経済）を導入して以来、海外からの直接投資が可能になり、軽・重工業の輸出が大幅に伸び、ハノイやホーチミンといった都市部では、著しい経済発展によって生活水準が急速に高くなっています。一方、農民の生活

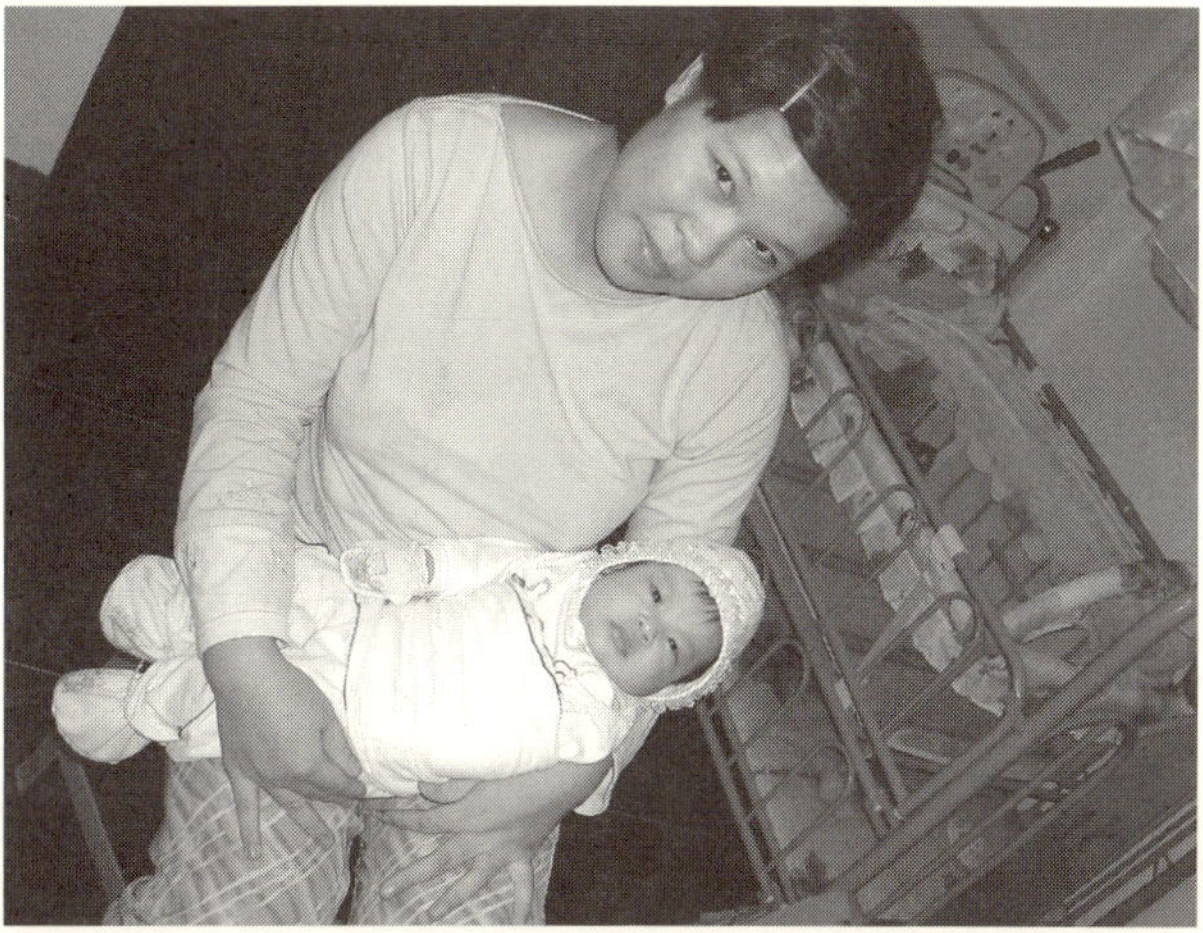

都会の母子。スォドリングされているが、右手だけ布から外されている

懐かしさを感じさせるベトナムの農村の子どもたち

は依然として厳しく、人口と資金が都市に集中し、地域間格差は大きく広がっています。

農村では、教材や教師の不足で子どもが学校に通えないこともあります。もっと貧しい地域では、子どもの栄養失調が深刻化するなど、さらに多くの問題を抱えています。私が訪れた村でも、家の中は不衛生で、道路も舗装されていません。しかし、貧しくても親や子どもたちは明るく素直で、毎日が穏やかに過ぎていくという印象を受けました。

「子は親が育てる」というよりも、大勢の家族や村の人たちに囲まれて暮らすうちに、子どもたちはやがて成人するという表現の方が似合っています。「育児をする」という概念そのものが存在しないかのようでした。当然、お母さんの育児不安も感じられません。

単純に日本とベトナムの育児環境を比較することはできませんし、ましてや日本の家族をベトナムのような大家族の風景と重ねることはできません。しかし大勢の人が赤ちゃんの面倒を見ることで、お母さんの育児負担が軽減されるのであれば、彼らのような大家族の役割を「地域」に任せてもよいのではないかと思います。

それでは、今後の育児のあり方について、私なりの考えを具体的にまとめてみましょう。

保育所に求められる二つの役割

結論から先に書きましょう。従来の育児は親（母親）だけのものという発想と、女性の生き方や就労を無視した発想から抜け出すには、「地域」の育児力を取り戻すこと、それには地域の「保育所」が大きな役割を果たすと私は考えています。

もともと保育所は、日本が貧しかった頃、「保育に欠ける」子どもを預かる場所として誕生しました。高度成長期をへて成熟社会に入り、「保育に欠ける」子どもは珍しくなりました。その代わりに、就労を希望する親の増加や、親と一緒に保育に関わってくれる場の要請などは、年々高まっています。

しかし、「保育に欠ける」子どもを預かることを目的として設立された日本の保育所は、依然として働くお母さんのためのものであり、例えば「同年齢の子どもと一緒に遊ぶ楽しさを味わわせ、社会のルールを身につけさせたい」「手のかかる兄弟がいるので少し預かってほしい」といった多様化する親の願いを充足させるものではありません。

待機児童ゼロ作戦などの取り組みも、そもそも子どもに必要な「保育」とは何かという議論がなされないまま、一部の人のものとして利用されているのが現状です。

親の就労非就労にかかわらず、保育所を地域の保育の場として提供するためには、従来の

「保育に欠ける」という概念を取っ払い、地域と保育所が一体となって、子育て支援を行う必要があるのではないでしょうか。

今後、保育所に求められる役割を整理してみましょう。一つは、保育所が長年培ってきた専門的知識や実践技術を親に提供し、地域の子育てを豊かなものにすることです。つまり、「地域全体の保育化」です。

もう一つは、開かれた保育所です。主に行事や保育所設備について、乳幼児とその親に参加・利用してもらうことで、保育所そのものが地域の一部を担うのです。この「保育所の地域化」には、地域の人々を子育ての「傍観者」にしないという大切な役割があります。

とはいえ、子どもを預かってくれさえすればどのような保育所でもよいわけではありません。親の要望の高まりに合わせて、保育士やカリキュラムの質の向上が求められます。この点について、「砂場遊び」を例に考えます。

子どもの遊びをパターン化しない

ここで質問をしましょう。皆さんは、なぜ保育所に砂場が必要か考えてみたことはあるでしょうか。実は、この質問に明確に答えられる保育士はあまりいません。

「砂場」が何を目的としているのかを考える必要があるのは、遊びのマニュアル化やパターン化を防ぐためです。

確かに砂場遊びは、造形と破壊の面白さ、仲間と遊ぶ楽しさを与えてくれる大切な遊びです。昔、雨が降ると、家の周りが泥でぬかるみ、子どもたちは服を汚しながら泥だらけになって遊びました。私たちが幼い頃に泥んこ遊びをしたのは、雨が降れば家の周りに泥地ができたからです。

しかし今の子どもたちには、その面白さが伝わらない可能性があるということも知っておくべきです。

道が完璧に舗装され、緑が大切だからと植樹をする時代の子どもたちに、「ほら、砂場に水を入れて泥遊びをすると楽しいでしょう。これが自然だよ」と言っても、子どもの目には「不自然で気持ちが悪いもの」と映るかもしれないのです。遊びがマニュアル化する、パターン化すると書いたのは、そのためです。

例えば砂場だけでなく、保育所の設定保育や行事についても、設定当初の目的が形骸化してしまうと、指導者は、「どうすれば、子どもたちが私の設定した砂場遊びや行事、設定保育に飛びついてくれるのか」に腐心するようになります。それは、「指導者が管理する遊び」

だからです。保育士は技術に重きを置き、子どもたちの管理により多くの力を注ぐようになります。

しかし、砂場遊びのねらいが、「造形と破壊の面白さ」「仲間と遊ぶ楽しさ」なら、遊びのかたちが変化するかもしれませんし、他の遊びを発見するかもしれません。大切なのは、「指導者がしてほしい遊び」ではなく、「その遊びを通じて子どもたちに何を学んでほしいか」を考えることではないでしょうか。

保育所は、地域の育児力を取り戻す大きな役割を果たすことができるでしょう。プロのノウハウを公開し、育児不安に悩むお母さんたちの心の拠り所になってほしいと願います。

健全な子どもの発達とは

第一章でも述べたように、現在、文部科学省では「脳科学と教育」研究が始まっています。具体的な研究には、「コーホート」を用います。「コーホート」とは、同年に生まれた集団という意味で、「コーホート研究」とは、その集団の変化を時間経過によって継続的に観察する研究手法です。

二〇〇四年から予備調査がスタートするこの研究は、今後五年から一〇年間にわたり、〇歳と五歳の子どもたちをそれぞれ五〇〇〇人、合計一万人を観察します。科学的に「見る」ものとしては、日本では初めての追跡調査です。

調査項目は多岐にわたります。一部報道では、「パソコンやテレビに長時間接することで、子どものコミュニケーション能力に与える影響の解明などが狙い」という記述がありましたが、それは調査のほんのごく一部に過ぎません。

医師や看護師、心理学者、保育士、脳科学者など様々な分野の専門家が、聞き取り、心理実験、観察、脳の光トポグラフィー観察を行い、これをビデオ撮影します。

コーホート研究の最大の目的は、これまで正しいとされてきた「科学的根拠」の再検証です。過去への振り返りから子どもの発達を見るのではなく、そのときどきの発達を観察することで、育児や教育の現場に役立ててもらいたいというねらいがあります。

本書の第一章では、子どもを「見る」ことの重要性を述べました。しかし、大人が子どもを見るとき、勉強が「できる」「できない」で判断したり、指導者の設定する遊びに参加する子どもはよくて、そうでない子どもには何か欠けているのではないかと受け取ることが多いように感じます。

本来子どもを「見る」ということは、「評価」でも「管理」でもなく、子どものそのままの姿を見るということです。コーホート研究で検証したことを、育児や教育の現場で役立ててもらいたいというのは、まずはそのままの子どもの姿を見てほしいという私たち研究者の願いも込められています。

この研究調査では、子どもの健やかな発達として、「言葉」「感覚」「運動」「抑制・選択力」「心の理論」の五つの項目を重要課題に挙げました。今日、低下が懸念される子どもたちの「社会性」を形成する能力を、各項目の高低で判断するのではなく、年齢に応じた「段階」と「バランス」で考えます。

例えば、乳幼時期に特定の能力だけを伸ばす極端な早期教育は、バランスのよい子どもの発達を阻害する恐れがありますし、「心の理論」への偏りも、健全な発達観へのバランスを欠いています。

それぞれの能力が、他の能力とどう影響し合っているのか、それぞれの能力が育児環境とどう関係があるのかを、今後のコーホート研究で調査したいと考えています。

「子ども社会」が子どもを育む

子どもにとっての望ましい保育のあり方とは、実は子どもたち自身の中にあります。「三歳児神話」の登場によって、子育てに占めるお母さんの役割はずいぶん大きくなりました。しかし、子どもたちにとって大切なのは、「子ども社会（集団）」の中で子ども自らが人間関係を学ぶことです。そのため保育士は、「見守り役」として必要なだけで、子どもの遊びの中心になる必要はないと私は思います。

昔は、「子どもの喧嘩に大人が入って」と「子ども社会」への大人の介入を揶揄しましたが、今では「子ども社会」そのものを見かけなくなりました。「子ども社会」とは、ガキ大将、子分、年上、年下、強い子、弱い子、いろんな子が集まる集団です。自ら遊びを決め、ルールを考え、ときには喧嘩もする集団です。

この「子ども社会」が消えてしまった原因の一つは、子どもたちが忙しすぎることに加え、地域に子どもたちが魅力を感じる場所がなくなったことも影響しているのではないでしょうか。例えば、路地裏のような暗くてじめじめした場所、雑草の生い茂った身を隠せる場所、雑木林など、大人の視点から見て危ない場所は、いつの間にか私たちの周りから消えてしまいました。代わりに現れたのは、清潔で明るい、見通しのよい場所ばかりです。大人は、子どもの闇の部分を何とか照らしてすべて明るみに出そうとします。

例えば保育所がそうです。保育所を訪問するたびに私は「保育士が仕事しやすいように設計されているな、どこから見ても保育士の目が届くな」と感じます。しかし、昔から子どもたちの遊び場は、「隠れられるところ」「危ないところ」「闇のあるところ」でした。

大人が作った公園では遊ばずに、大人が行かない場所に「秘密基地」を作ったり、「隠れ家」を見つけて探検したりしました。他人の家の庭にこっそり忍び込んで家の人に叱られることもありました。物を汚したり、半分壊したりして、想像力豊かに遊びに没頭したのではないでしょうか。子どもたちは、大人では想像もできないような遊びを次々と作り出していくのです。

日中は「子ども社会」で子ども同士が切磋琢磨し、朝晩は落ち着いて親兄弟と家庭で過ごす。家庭で過ごす朝晩の生活には、食事、風呂、睡眠などしつけに大切な時間が含まれています。そして「子ども社会」の時間には、家ではできない教育が自然と行われるでしょう。「子ども社会」を作ることは、結果的に親と子の間に適度な距離を作ります。何より、ジンメルのいった、これという利害がないのに同情や反感をもって触れ合う、強靱で、弾力的で、多彩で、統一のある地域社会を復活させる役割を果たすのではないでしょうか。

第五章　障害児教育から子育てを考える

最後に、「障害児教育から学ぶ子育て」というテーマで、本書を締めくくりたいと思います。まず始めに、障害児教育の歴史を簡単に振り返ります。

障害児のノーマライゼーション

近年、障害児療育に「ノーマライゼーション」という考え方が導入され、広く浸透するようになり、障害児観はそれなりに変化したように思います。しかし、常々私は、助産婦を始めとする周産期医療（妊娠二二週から出生後七日目までの赤ちゃんとお母さんのための医療）に携わる専門家の、障害児に対する思いが、私のような小児神経科医や障害児を持つ親の思いと少し違うことに違和感を持ってきました。

健康な身体を持つ人間は、障害児や障害児を持つ親に出会ったとき、どのように思うでしょうか。大方の人が、「大変そうだ」「可哀想だ」と思い、「がんばって！」「負けないでね！」と励ますのではないでしょうか。実は、私たち健康な人間から発せられたこれらの励ましやなぐさめは、言葉そのものが親や子どもを傷つけてしまうことがあります。

現在定着しつつある「ノーマライゼーション」とは、分かりやすくいうと、「障害を持ったままでも幸せになれる。同じ社会人として一緒に町や村で暮らそうよ」ということです。

私たちは、この「ノーマライゼーション」にのっとり、「障害者支援」といった「善意の押し売り」ではなく、ともに対等な社会の構成員として障害児を見ることはできないのでしょうか。

育児支援や障害者支援、療育など不要だと言っているのではありません。その前に、一人の人間として対等に暮らせる社会を、みんなで一緒に作っていくという意識を持ちたいと願うのです。子どもを「治す」のではなく、障害を克服し「少しでも普通に近づける」のでもなく、障害があっても普通に暮らせる社会をどう作るかという発想が必要です。障害児が障害を克服するという内向きの考えはやめて、ノーマライゼーションの地域作りをどうするかという外向きの発想です。ターゲットは障害者ではなく健康な人、つまり私たちです。

福子、福虫、宝子

初めに、障害者に対する私たちの考え方の変化について考えてみましょう。

私たちホモサピエンスの祖先であるネアンデルタール人の生活の跡から、彼らも私たちと同じように、障害児とともに生活をしていたことが分かります。おそらく彼らは「協力」と「分配」の生活をしていたのではないだろうかと思われます。しかし、文明の発達とともに、障害者を社会から排除しようとする思想があらわれるようになりました。

紀元前のギリシアの哲学者プラトンは、『国家篇』の中で「若年・老年の母親から生まれた子どもは殺すべきだ」とか「障害がある場合は即座に殺すべきだ」と述べています。国家にとって役立つか否かで人の価値を判断する考え方です。

そうした考え方は、近代になって、西欧では優生学を生むことになりました。イギリスの生物学者チャールズ・R・ダーウィンが、生物の進化は自然淘汰によるものと唱え、適者生存の繰り返しで生物の種が進化すると提唱したのです。そして彼の弟子フランシス・ゴルトンがその考えを人間に当てはめました。

同じように、日本でも、障害者を社会から排除しようとする考え方が長らく存在してきました。「不具」「片端」「廃疾」といった言葉は、障害者を欠けている者、足りない者、役に立たない者と捉えています。多くの場合、こうした人々は、社会的な権利を奪われた生活を送ってきました。

一方で、日本語の中には、「福子」「福虫」「宝子」という障害者を指す言葉があり、こうした言葉は、障害者を大切にし、社会の中で一緒に暮らそうという考えに基づいています。

ノーマライゼーションの世界的広まり

「療育」という用語を六〇年以上も前に創出したのは、東京大学医学部名誉教授だった高木憲次さんです。しかし彼は、その意味を、整形外科的医療を基礎に、教育、職業訓練などが共同して援助することで社会復帰を可能にしていくこととし、知的障害や中等度以上の障害は対象としていませんでした。昭和一七年に整肢療護園（現・心身障害児医療療育センター）を創設し、肢体不自由児の父と呼ばれた彼も、障害者が社会の中で健常者と一緒に生活すべきだというようには考えていなかったのです。

ところで、一九五三年に、デンマーク人のバンク・ミケルソンが「ノーマライゼーション」という理念を唱え、「障害とは、個人に属する特性ではなく、個人と個人をとりまく環境が接する際に生じる問題である」と定義しました。たとえ障害を持っていなくても、環境作りの中で、その障害をなくす努力はできるし、それを個人でなく、公的に保障しようというものです。

つまり、障害があっても、自分の家で普通の暮らしができるための援助を公的に保障し、充実した日常生活を送ろうということです。ノーマライゼーションの理念は、次第に世界中に広まっていきました。

そして一九八〇年、国際連合は、「国際障害者年行動計画」の中で「障害者は、その社会の他の者と異なったニーズをもつ特別の集団と考えられるべきでなく、その通常の人間的なニーズを満たすのに特別の困難を持つ普通の市民」であり、「ある社会がその構成員のいくらかの人々を締め出すような場合、それは弱く脆い社会」と明快に宣言したのです。

告知

WHO（世界保健機構）の提案に基づき、障害を、「機能障害」「能力障害」「社会的不利」といった観点から考えるようになったのは、一九八〇年ごろからです（図1）。

「機能障害」とは、筋力の低下、身体が勝手に動いてしまう痙性、身体の動作の調節障害である失調など生物学的なレベルでの障害を指します。また、その人の能力が発揮されるのが妨げられることを「能力障害」と言い、そうしたことによって社会的に不利な状態がもたらされることを「社会的不利」と言います。

障害を総合的に見るようになって、障害者の悩み、障害者を取り巻く状況などが次第に明らかになり、障害者問題への理解がはっきりとしてきました。こうした考えをもとに、現鳥取県立皆生小児療育センターの北原佶《ただし》さんは「医学モデル」と「障害モデル」という考え

図1　疾患と障害の構造

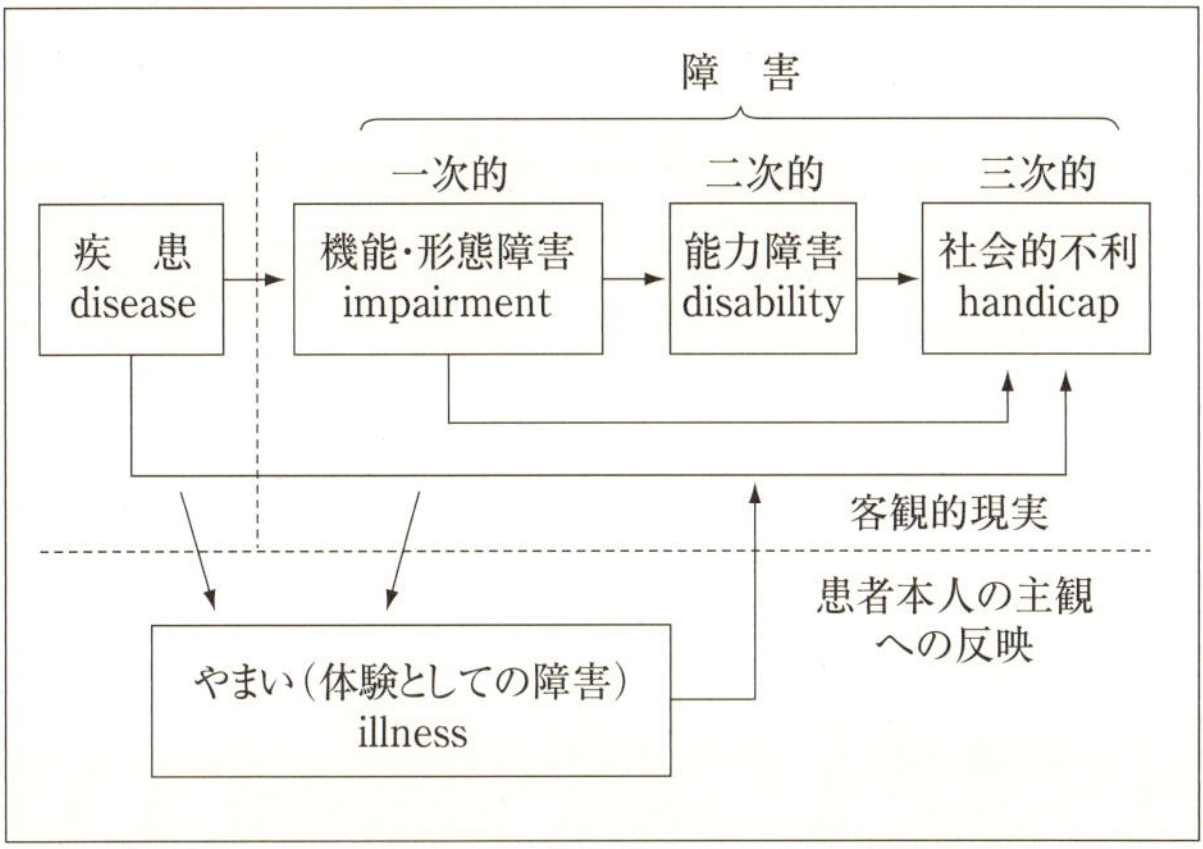

「助産婦雑誌」2002年5月号より

方が必要だと説きました。

「医学モデル」は、人を生物である個体とし、症状、徴候を原因、病理との関係で捉えるもので、原因の除去や病理の修復によって症候の解消を目指す、いわゆる「治療」を目指す考え方です。一方の「障害モデル」は、人の持つ機能障害や能力低下、社会的不利の関係を追求することです。

実はこれらの考え方は、医師や助産婦ら専門家が、親に子どもの障害を告知する場合に大きく影響します。親が我が子の障害を受容するまでの時間や受容できるかどうかは、告知のされ方に大きく左右されるからです。そして、最初の告知者になる周産期医療の従事者の告知は、どうしてもマイナスのイメージのものが多いといわれています。

その原因の一つとして、私は、北原さんのいう「医学モデル」の立場から告知を行うからではないかと思っています。「医学モデル」による告知は、医学的診断と、それに基づく予後を伝えることです。

一方の「障害モデル」による告知は、障害の診断に重きを置くのではなくて、障害を持ったままでも日常生活をいかに豊かなものにするか、あるいは障害を持ったままで充実した社会生活を送るためには何をするのかということを親に説明することです。

私の経験から言うと、いくら病名を告知され、障害の程度や予後を説明されても、親にとっては何の役にも立ちません。まして、教科書的な説明をすることは何の益もないことです。

「次はいい子を産んでね」

「助産婦雑誌」二〇〇二年五月号に、東京に住むある女性が手記を寄せています。彼女が産んだ双子は超未熟児で、うち一人はおそらく将来全盲になるだろうと医師から宣告を受けていました。退院前、彼女は我が子の今後について担当の眼科医と話し合う機会を持ちました。

医師は、ＮＩＣＵ（新生児集中治療室）で過酷な治療に耐えてやっと退院したのち、家に帰ったその日に母親によって命を奪われた子どもの話、母親が実家に子どもを預けて働きに出ていた間に不慣れな祖父の不注意で事故死した子どもの話など、視力を失った子どもには死にゆく運命が待っていると思われるような事例をいくつか述べたのち、夫婦にこう言いました。

「でも、次の子どもがすぐ生まれて、どちらのお母さんも今は幸せです。ですから、あなたも次の子を産みなさい。がんばって、次はいい子を産んでね」

それなら、今そこにいる子どもは何なのでしょうか。母親は、忙しい時間をとって自分たち夫婦に親身になろうとしている医師に対し、失礼に当たらないか、また、自分たち夫婦の気持ちを本当に理解してくれるだろうかと心配になり、何も言わずに席を立つことも考えました。しかし、自分の子どもの話をしているのに、黙っていてはいけない、笑ってごまかしてはいけないと、やっとの思いでこう言いました。

「ふたりとも、いい子です……」

彼女はその言葉を伝えるだけで精一杯でした。

筆者も、同じような言葉を医者仲間から聞いたことがあります。

「お母さん、次はいい子を産んでね」

また、ある看護師が、「お母さん、すごくがんばるよね」「お母さん、明るいね」と言ったときの、親の顔が今でも目に焼き付いています。

「障害を持ってるから、がんばらなあかんのですか？　それって、偏見とちゃいますか？」

「障害児を持ったら、暗くしてないとあかんのですか？」

医者が親から気づかされることは、たくさんあります。その一つが、「障害児の親は子どもの障害を治すためにがんばらないといけない」「障害者の親は大変」という固定観念が、障害者への偏見や差別につながっているという事実です。私にとって、これは、「早く告知して、早く訓練を始める」ことが、いかに私たち医療従事者の思い上がりで、善意の押し売りになっているかを痛感する出来事となりました。

お母さんは我が子の障害に気づいている

最初に告知されたとき、ほとんどの親が驚き、混乱し、そして悲観します。そして時とともに我が子の障害を受容し、立ち直ると言われています（図2）。

先述したように、立ち直りまでの時間は、告知の仕方にあるとされてきました。配慮のない対応や、価値観の押し付けによって傷つく親が多いのは当たり前ですが、そうでなくとも

図2　重症児誕生に対する両親の反応

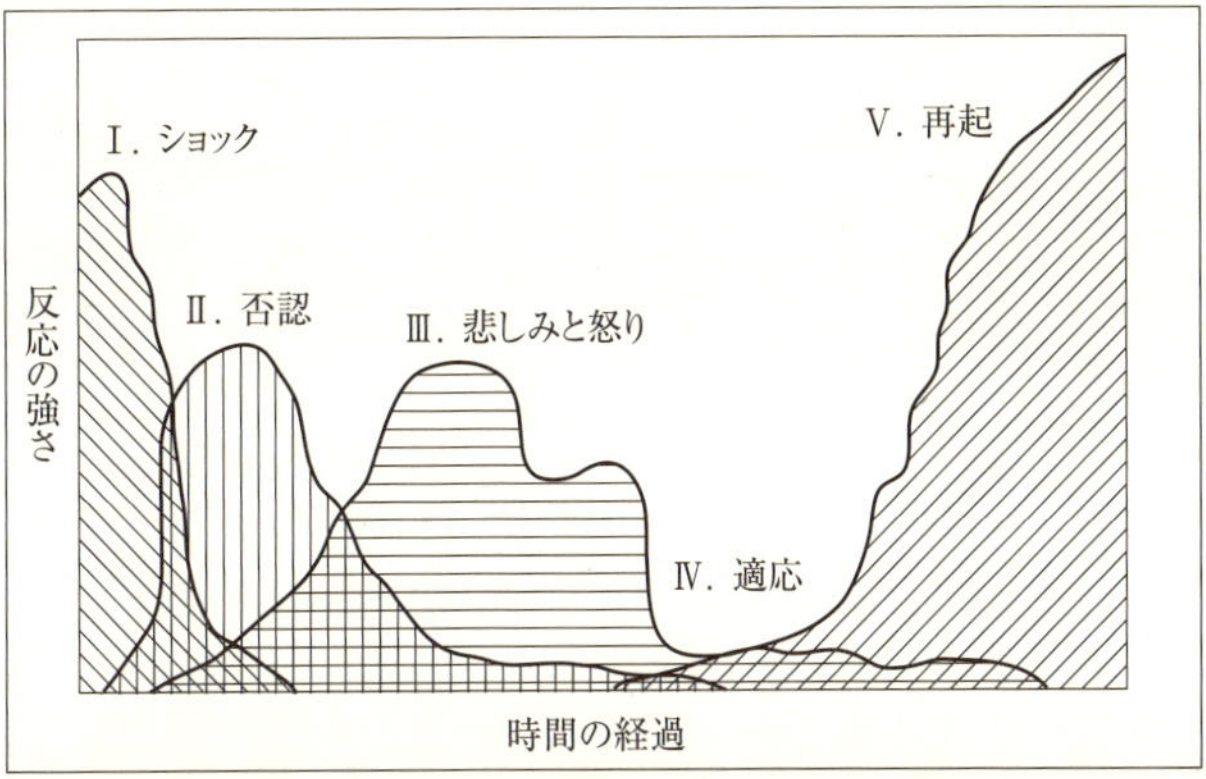

出典:D. Drotar, N. Irvin, J. H. Kennell, and M. H. Klaus ; The Adaptation of Parents to the Birth of an Infant with a Congenital Malformation ; A Hypothetical Model. Pediatrics, 56 : 710-17, 1975

告知をスムーズに受け入れる親はほとんどいないからです。

特に、周産期医療の現場での告知がマイナスイメージになりやすいのは、子どもたちと付き合う期間が短く、また障害児を持つ親に共感する部分が少ないことにもその理由があると思います。しかし、お母さんたちは、医者の診断を待たずとも、我が子の異変には気付いているのではないでしょうか。

先日、一般の大学生と医者を対象に行った実験では、赤ちゃんの全身から感じられる「なんとなく違う」という感覚の受け止め方が、大学生と医者とではずいぶん異なることが分かりました。

実験では、新生児期の健常児七名と、同じく新生児期の先天性脳性麻痺児七名の映像をスクリーンに映し、新生児の動く様子だけを見て、どの子どもが健常児でどの子どもが先天性脳性麻痺児かを、大学生と医者に見分けてもらったのです。

すると、多くの学生が健常児と脳性麻痺児を見分けることができたのに対し、医師の正答率は学生を下回る結果となりました。学生の正答率が高かったのは、赤ちゃんの運動を全体の雰囲気から、「なんとなく」読み取ったためで、医者の正答率が低かったのは、赤ちゃんの部分を見て分析し判断した結果だと思われます。

この結果を受けて私は、もっとも赤ちゃんに近い存在であるお母さんが、我が子の異変に直感的に気づいていても不思議でないと感じました。

少し補足をしましょう。第一章の「個人差をどう扱うか」（32ページ）の内容を思い出してください。健常児と障害児の指の運動を見る実験では、実験の被験者に関する情報を伏せた状態でデータを見ると、健常児の指の運動か障害者の指の運動かの区別がつかなくなることを紹介しました。

大学生と医者との実験では、大学生が「なんとなく」という全体を見て、子どもの状態を的確に言い当てたのに対し、医者（つまり子どもの専門家）は、部分的な運動や目線などを見て判断したために、専門家ではない大学生よりも正答率が低いという結果になったわけです。

このことは、科学的に検出されたデータで子どもを見るよりも、実際に目の前にいる子どもをそのままの状態で「見る」ことの大切さを私たちに教えてくれているように思います。

話を戻しましょう。私の経験からも、我が子が障害を持って生まれたのではないかという直感を、告知の前からすでに親は得ているのではないかと感じます。だからこそ、医者が「医学モデル」の立場だけで告知をしたのでは、親の理解を得ることは非常に難しいのです。

障害児の親の気持ちを理解できるか

ここで、私の障害児との関わりについて少しお話しします。

今から約三五年前、医者として駆け出しのころ、私は障害児医療に従事したいと考えていました。京都大学の学生だった私は、障害を持つ子どもたちの家庭を訪問したり、学童サークルを看護学校の生徒や研修医たちと作ったりして、わずかながらボランティア活動を行っていました。

そのときサークルの顧問をしていたのが、静岡こども病院で院長をされていた北条博厚先生です。彼は京都大学の神経学グループの草分けで、私は彼にあこがれて小児神経の道を進み始めました。

同時に、ある障害児のお母さんから、「小西さんは、学生の間はこの子たちのことをずっと見てくれるけど、医者になったら、どうせ他の専門に就くのでしょう?」と言われ、思わず「私はずっとやります」と言ってしまったことが、今思えば私をこの仕事に向かわせた本当の理由かもしれません。大変なことになったと思う一方で、障害を持った子どもたちを診る仕事は、もっとも医者らしい仕事ではないかと思ったのも確かです。

病院の診察室で、椅子にドンと座り、外からやってくる患者だけを診るのではなく、外に出て地域の患者と関わり、母親としゃべり、子どもと遊ぶうちに、自然と私の目指す医者のイメージがふくらんでいったのだと思います。

皆さんは、「座敷牢」という言葉をご存じでしょうか。障害者や乱心者などを監禁しておくために家の中に作られた座敷のことです。その昔、障害者は、家の外に出ることすら許されず、うす暗い部屋に一人寝かされていました。座敷牢を初めて見る人は、暗くて、不気味で、言葉では表現できない異様な光景に圧倒されるかもしれません。

障害児・者が家の外に出ることがはばかられた時代とはいえ、親、とりわけお母さんは、我が子を座敷牢に閉じこめることに非常に心を痛めていました。

座敷牢の存在は、私たちを何とも言えない重い気持ちにさせ、障害児・者の問題は、社会全体で考えなければ、いずれ行き詰まってしまうという焦燥感だけが私の中で募っていきました。

障害があっても、みんな同じ子ども

当時、ボイタ法とボバズ法という、脳性麻痺への画期的な早期診断・治療が、一世を風靡していました。私の属していた京都大学の小児神経科は、その尖兵のようなポジションにあり、「障害は治る」と誰もが無我夢中で、研究の最先端を走っていました。しかし、ボイタ法やボバズ法でも障害は治らない、むしろ逆効果であるとの報告も次第に聞かれるようになっていました。

私自身、大学を卒業して以来、外来を通して障害児と付き合う間に、多くの障害が治らないことを実感していました。無力感を感じるとともに、親御さんとのある種の共感を得たような気がします。同時に、いくら自分ががんばっても所詮は分かり得ない親の気持ちも感じていました。

そんなとき、私は縁あってオランダに留学することになりました。突然訪れたオランダ留学での経験は、私の気持ちを楽にしました。「ノーマライゼーション」の考えに出会ったからです。

オランダに留学したときの恩師であるプレヒテル教授は、私に「障害児は訓練するために生まれてきたのではない」「障害があろうがなかろうがみんな同じ子どもで、同じ人なのだから特別扱いをする必要はない」とはっきり言いました。脳性麻痺の子どもの診断をしたときにも、「脳性麻痺です」と言ったきり、日本のように親を慰めたりしませんでした。

彼は、「障害があって社会的不利益があれば、そばにいる人がさりげなく助けてあげればそれでよい」と言っていました。実際にオランダでは「車椅子を押してください」とお願いするのではなく、「誰か押してくれませんか」と普通に言え、それに対して誰かがすっと手を差し伸べます。

そんな光景を日常的に目の当たりにして、私は、障害児・者の問題は、彼ら個人の問題ではなく、むしろ周囲にいる私たち、いわゆる健常者の問題であることを確信したのです。ハンデのある者が努力して変わるより、そうでない健常者が受け入れることの方が、容易で安全であるかもしれないからです。

それ以上に、障害児・者が感じる社会的不利益の大きな部分は、周囲の無理解や善意の押し付けであり、差別意識です。つまり、障害を自分のものとして感じる、同時代を生きる人間としての共感が育っていないのです。

「医学モデル」と「障害モデル」

ノーマライゼーションの広がりとともに、障害者に対する考え方が「医学モデル」から「障害モデル」へ移行されたことは先述したとおりです。これについて、もう少し詳しく説明しましょう。

「医学モデル」と「障害モデル」は、「障害」をどう捉えるかという視点で大きな違いがあります。

「医学モデル」は、「障害は、機能や能力が低下しているものであるから、それを向上させるために医療を用いる」という考えです。一方の「障害モデル」は、「機能の低下を問題にするのではなく、それによって社会適応が阻害される要因を取り除くこと」を基本的な姿勢としています。障害を負ったことで社会適応が阻害されているのが障害である、という発想です。

ノーマライゼーション以前の価値観は、「私たちは健全だが、あなたたちにはハンデがあります」という考え方が基本にありました。ですから、「そのハンデを持ち続ける限り、相互コミュニケーションはうまく機能しません。治療やリハビリテーションを受けてハンデを克服してください」と、常に健常者が障害者に改善を求めてきました。あくまでも問題は、障害者側にあるという立場です。

しかし「障害モデル」は、「障害は、障害者自身ではなく、障害者と健常者の間の環境に問題がある」という立場に立っています。したがって、環境で発生する様々な不具合を改善すれば、障害者問題は解決の方向へ向かいます。「人」を変えるのではなく、「環境」を変えるのですから、行動を起こすのは、健常者であってもいいのです。

例えば耳が聞こえない人は、生活する上で不自由があります。しかし、耳が聞こえなくても、社会で生活している人はたくさんいます。このように、障害があっても、普通の暮らしが可能だとすれば、「障害とはいったい何を指すのか」ということになります。健常者がそうしているのと同じように、障害者も社会で暮らせるのなら、膨大な時間やお金、そして肉体的、精神的苦痛をともなう治療によって障害者を「何としても治す」必要はなくなるのです。

混合教育の利点

しかし、日本の社会は、ノーマライゼーションが完全に浸透したとはいえない状況です。ここからは、三つの問題を取り上げ、ノーマライゼーションの必要性について説明しましょう。

一つ目の問題は学校教育、二つ目は障害児・者を障害の軽重で区別する救済措置、三つ目は二次障害が招いた少年犯罪についてです。

まず一つ目の学校教育についてです。

障害児も普通学級で教育を受けるべきという混合教育の考えがある一方で、教師が障害児の受け入れを暗に拒んだり、健常児の親が抵抗を感じる現実があります。今後、障害児が健常児とともに学べる環境作りが大きな課題となっていくでしょう。

その中で、東京都のある区では、障害児が地域で暮らす現実をふまえ、障害を持った子どもが、健常児と一緒によりよい教育を受けることができるかについて考える交流会が発足しました。最初は数人の集まりでしたが、今では教員だけでなく、保護者、地域の人々の参加も増え、学級の問題だけでなく、障害児の就労や生活支援についても議論が活発化しているようです。

このような取り組みが増える一方で、日本の教育制度では、障害者と健常児がともに生活することが非常に難しい状況にあります。

地方の大学に通うS君は、中学三年のとき、車椅子で生活を送る重度の身体障害者の男児と同じクラスになりました。仮にF君とします。F君は病弱で、自分で車椅子を押すこともできませんでした。知的障害もあり、言葉によるコミュニケーションがほとんどできないことから、F君との会話は、F君を送り迎えするお母さんを通じてほんのわずかな時間で行っていました。

はじめは、言葉の話せないF君をいやがる生徒もいました。しかし、ともに授業を受け、学校行事に取り組むうちに、自然とクラスに連帯感が生まれていきました。いつもF君の面倒を見る男子生徒も何人か出てきました。担任の教師は、F君の世話は生徒たちに任せ、彼を巡る意見の食い違いにもあえて口出しせずに見守っていたといいます。卒業旅行へ行くころには、F君は周囲の話を理解しながら言葉で返事をするようになっていました。しかし、ようやくクラスの生活になじんだ頃、病気が悪化したF君は卒業を待たずに亡くなってしまいました。

S君の住む町は、混合教育の進んだ町として知られていましたが、学校の取り組みほど地域での障害者支援は活発ではありませんでした。F君と同じように障害を持つ生徒がS君の中学校を卒業しましたが、ほとんどが養護学校へ進み、その後は人との関わりが急激に減っているといいます。

混合教育は、障害児のためだけでなく、健常児にとっても、非常に意味のある社会生活の場となります。「四肢が不自由な人、知能に遅れのある人、発達障害のある人など、社会にはいろいろな人たちがいる。その人たちとどう分かり合い、助け合いながら集団を作るか」を、子どもたち自身が考えるからです。

今日の普通学級の問題点は、「均一集団」を作ってしまったことにあるのではないでしょうか。同じような児童を一つの場所に集めて校則でがっちり固めてしまう。すると「均一集団」の中で「標的」を作り、はじき出そうという心理が働きます。

人間には、違う者に対しては共通点を見いだそうとし、似た者に対しては違いを見つけようする習性があると言われています。

例えば、大阪大学大学院の石黒浩さんが行っている人間そっくりのアンドロイドの研究では、アンドロイドを人間に似せて作れば作るほど、人間が違和感を持つことが分かっています。

表情や皮膚の感触、身体の曲線など人間そっくりなのに、かえって「気持ちが悪い」というのです。

また、ソニーの藤田雅博さんによれば、アイボもこのような理由から本物の犬をモデルとせず、あえてロボットと分かるデザインが施されています。

ロボットの話は喩えですが、障害児に違和感や驚きを持つ子どもたちも、ともに生活するうちに、障害が単に個人に属する特性の一つにすぎないことを知ります。そして、自分たちが少し行動を起こすことで両者の間に生じる弊害が解決に向かうことを感じ、知恵や工夫、思いやりが育つのです。

障害者を差別する救済措置

ノーマライゼーションの必要性の二つ目は、障害児・者間に横たわる、障害の軽重で救済措置が決定されるという差別をなくすためです。

「障害を持って生まれてきましたが、無事にここまで生きることができて良かったと思っています」

これは、障害を持つ子どもの親からよく聞く言葉です。寝たきりの子どものある親は、「この子がいたから、私はここまでがんばることができた」と語りました。「こんなにがんばった私を誉めてあげたい」と言う親もいました。

第三章で紹介した「親の子どもの成長についての満足度」を尋ねるアンケートでは、日本の親は、他の五つの国と比較して満足度が低いという結果が出ています。一方で、障害者の親は、育児に対する評価が高いと私は感じます。障害を持つ我が子との関わりが、子どもの成長を日々実感させ、苦しみや悲しみとともに大きな充実感を与えるためです。

しかし、親より先に子どもが短い命を終える悲しみ、我が子が死んで生き甲斐をなくすケース、逆に子どもより先立つことへの不安と将来への絶望など、障害児を持つ親の苦悩は想像を絶するものがあります。

さらに、障害児・者の親を悩ませる問題は、いつも障害の軽い者から救済措置が施されるという事実です。「社会に役に立つ」あるいは「働ける障害児・者」といった表現は、重度の障害児・者を完全に社会から排除しているともいえるでしょう。

障害者対策は、長い歴史のなかで常にこの問題と戦ってきました。「社会に役立つ」という表現がなされるとき、私には、「ある程度の障害者には国はお膳立てをしますが、それ以外は個人の責任で何とかしてください」と突き放されているように感じられます。しかし、寝たきりの子どもが自己責任などとれるはずもなく、彼らは永遠に放置されたままです。

障害児・者とその家族は、健常者からの差別だけでなく、障害者同士の差別にも苦しまなければならないのです。

周囲の無理解による二次障害

ノーマライゼーションのもっとも重要な点は、障害者に対する社会の理解がどの程度成熟しているかと関係しています。少し長くなりますが、次に発達障害の子どもへの無理解が招いた事件ついて考えます。

二〇〇三年七月、長崎の一二歳の少年が、いたずら目的で連れ去った幼児をビルの屋上から突き落として殺害した事件がありました。この事件に関して、裁判所が出した審判決定要旨の「少年の資質(「処遇の理由」)」では、事件の背景が次のように述べられています。

「少年のコミュニケーションは一方向性であり相互性はなく、適切な仲間関係の樹立ができず情緒的表出も不適切である。また少年には男性性器への異常なこだわりがあり、それに伴う奇異な行動パターンが見られ、情動的で限定された異常な興味のパターンにとらわれる傾向がある」

「少年は、幼稚園のころから、頻繁に、教師の注意や母の叱責に過剰に対応して混乱状態となり、かんしゃくを起こしたり、学校や家から逃走するなどしている（略）」

「小学校時代に、母からの叱責を恐れて、遠方の祖父母宅まで逃げたり、逃げたまま午前3時に補導されるまで帰宅しないでいたことがある」

「少年鑑別所入所後も、母には自分の男性性器に興味を持っていることなどを知られることをおそれている」

少年は幼い頃から他人との情緒的な関わりが苦手で、コミュニケーションに相互性がなく、そのことを苦にした母親が叱責と矯正を続け、その結果少年の心が萎縮して過剰反応をするようになった経過が述べられています。

少年裁判においては、通常、処分内容が非公開となります。しかし長崎の事件では、事件の重大性、社会に与える影響力、情報公開を求める声に応えるかたちで、審判決定要旨が公開されたのです。

要旨が事件直後に発表された背景には、なぜこのような残虐な事件が起こったのか、その背景にあるものを心配する親たちへの配慮と考える向きもあります。しかし結果的に、審判決定要旨は、彼の異常ともいえる性癖と母親の養育上の失態を公にし、同年代の子どもを持つ親の不安を助長したのではないかと私は思っています。

少年のアスペルガー症候群

事件を起こした少年は、自閉症と同じ広汎性発達障害に含まれる「アスペルガー症候群」でした。先の要旨でもこの点が明らかにされていて、「同障害が本件非行に影響していることは確かであるが、同障害そのものが直接本件非行に結びつくものではない」と明記されています。

文部科学省は、「特別支援教育の在り方について」の最終報告で、アスペルガー症候群の定義を、「知的発達の遅れを伴わず、かつ、自閉症の特徴のうち言葉の発達の遅れを伴わないもの」と示しています。

自閉症は、アメリカの児童精神科医カナーが一九四三年に世界で初めて症例を報告しました。翌一九四四年、オーストリアの小児科医アスペルガーが同じような症例を報告したのがアスペルガー症候群の始まりです。

『自閉症の子どもたち』の著者、酒木保さんによれば、自閉症には「対人的相互反応における質的な障害」「意志伝達の質的な障害」「行動、興味および活動の限定され、反復的で常同的な様式」という三つの行動特性があります。

この三つの行動特性をすべて満たす子どもが自閉症であり、三つのうち一つでも満たさない子どもは広汎性発達障害と考えられます。アスペルガー症候群は、その広汎性発達障害に含まれる発達障害の一つです。

アスペルガー症候群の発症の割合は、一〇〇人に一人とも三〇〇人に一人とも言われ、障害の中でも比較的発症頻度の高い発達障害の一つとされています。アスペルガー症候群など発達障害は年々増加する傾向にあると言われますが、その背景には、診断基準の作成によって手軽に診断できるようになったことや、社会構造の複雑化によって社会と対応できないことが顕在化したことがあります。

自閉症は言葉の遅れをともなうこともあり、周囲の人も障害に気づきやすくなります（それでも、親御さんの苦労は並大抵ではありません）。しかし、アスペルガー症候群は、「心の理論の未成熟や、顔や表情、言葉のニュアンスなどを理解するための対人的知能に問題」はあるものの、「明らかな運動や言葉の遅れは目立たない」ので、これまで気づかれずにいました。『アスペルガー症候群と学習障害』の著者、榊原洋一さんは、「ソーシャルスキルの障害があるため、生きていく社会構造が複雑になるにしたがって、その障害が明らかになる」と述べています。

学習に問題はないが、対人関係に齟齬が生じるというところに、アスペルガー症候群の特徴があります。長崎男児誘拐殺人の少年も、幼稚園の頃から他人との意思疎通に不具合があり、それにともなって周囲から見ると異常ともいえる行動を起こしていましたが、成績がよかったため、彼の奇異な行動が発達障害によるものとは、誰も気づかずにいたのです。

少年事件で見落とされたこと

現在では発達障害や精神障害が脳の器質的な障害による問題と考えられているにもかかわらず、その子どもを産んだ母親に周囲の無理解が向けられています。そしてこの無理解が、母親と障害を持つ子どもに多くの苦痛を与え続けています。審判決定要旨でも、次のように母親の養育態度を取り上げています。

「母は、少年の運動能力が劣ることや手先が不器用であることを気にして幼児期からその改善のための特訓をしたり、小学校入学後は、ほかの児童に馬鹿にされないように、付ききりで勉強を教え、寄り道をすると厳しく叱責していたが、このような父母の養育態度は、少年が同年代の子供と交遊する機会を減少させ、少年の相互的コミュニケーションの拙さ、共感性の乏しさに拍車をかけることになった」

確かに、学業に問題がないにもかかわらず、対人関係においてのみ相互性が持てず、適切な仲間関係が築けないのは、周囲の人間にとって理解しがたいことではありません。本人が怠けているのか、もしくは親の養育態度に何か問題があるのではないかと周囲は憶測で非難します。少年は成績が優秀でした。「なぜ学校の勉強ができるのに、人と関われないのか」「頭がよいのだから、他のこともできて当たり前ではないのか」。当然、親は自分と我が子に向けられた非難が誤りであることを証明してみせようとします。他の子どもから馬鹿にされないように、母親は少年に対して厳格にならざるを得なくなります。

そしてそんな母親の姿を見て、多くの父親はこう言います。

「成績がいいのだから、そんなに厳しくしなくてもいいだろう」

母親が子どもを必死で矯正しようとすればするほど、父親は傍観者となり、母親はますます一人で義務感を背負うことになります。それに反発するかのように、少年は心を固く閉ざし、あるいは教師や母親の叱責に過剰に対応し、逃げ場を求めて逃走するという悪循環を招きます。

凶悪な少年犯罪が起こるたびに、「心の闇」という言葉がマスコミを賑わせます。この事件でも、大人の理解できない犯行動機を一二歳の心の闇と表現しました。しかし、この幼い子どもが命を落とすという痛ましい事件の背景には、親の周りに発達障害のことをきちんと伝え、ともに取り組む専門家がいなかったこと、学校、そして地域にも家族の理解者がいなかったことがあるのではないでしょうか。

障害を持って生まれた子どもの親は、子どもの障害に少なからず影響を受けます。それ故に何とか我が子を正常に近づけたいと一生懸命矯正し、あるいは厳しくしつけようとします。しかし、そうならざるを得ないという現実が、障害児・者の問題には厳然として残っているのです。

受容とあきらめ

障害児・者の問題は、当事者が障害を克服できないことではなく、それを受け入れられない周囲の問題であると私は考えています。ですから、障害を持つ親を責めたり、子どもを矯正させることで、障害児・者問題が解決するわけではないのです。

障害児教育においては、「受容」という言葉がしばしば使われます。文字通り子どもの障害を受け入れるという意味です。しかし私は、「受容」という言葉には、「あきらめ」という前提があるように思います。

障害児教育は、「できないことからの出発」です。例えば脳性麻痺やダウン症など先天性障害は、医学的には完治が困難とされています。親は、「普通の子どもと一緒に生活はできないかもしれない。普通に歩いたり、社会に出てみんなと一緒に働いたり、ましてや人並みの結婚をすることはおそらく無理だろう」などと、多くの断念と何度も向き合わなくてはなりません。

しかし、私はこの「あきらめる」ことが、親にも子どもにも、別の道を開く鍵となるような気がしています。

軽度の脳性麻痺の男の子が、あるとき自転車に乗りたいと言いました。彼は訓練によって少し歩けるようになっていたので、自転車の乗り方を習うことになったのですが、なかなか上達しません。すると担当の養護教諭は、彼に三輪車を与え、練習を始めました。健常児は、自転車に乗る前に三輪車か補助輪の付いた自転車に乗って練習するからです。しかし、自由に足の曲がらない脳性麻痺の子どもには、座高の低い三輪車の運転はさらに困難なものでした。

今でも脳性麻痺の子どもへの訓練に「正常」な歩行パターンを教えることがありますが、もし親や指導者が、永遠に脳性麻痺を受容しなければどうでしょうか。八歳で歩けないと分かった子どもが、他の方法で街に出たいと思っても、養護学校に入れれば再び歩行訓練が始まります。「入学したとき」が養護学校にとっての歩行の「スタート」だからです。そして、辛い歩行訓練が延々と続くのです。

私の友人で小児神経医をしている男性がいます。彼は、脳性麻痺です。彼には独特の歩き方があります。その彼がいつも言うことがあります。

「このパターンは僕が勉強しました」

彼の歩行指導にあたった医師は、「その動き方だと、股関節が外れやすくなりますよ」「筋肉に負担がかかるから普通の歩行に近づけたほうがいいですよ」と助言しました。しかし、彼に言わせれば、「言われてできりゃ、苦労せんよ。できなかったからこの歩き方で四五年間生きてきた」のです。

あきらめのあとに

従来の障害児医療の考え方は、「障害を克服してできるようになりましょう」というものでした。障害をいかに早く発見し、治療に入るかが、障害克服の決め手であり、それができれば健常児と同じように「社会に出られる」からです。ただこうした考えには、過去への強いこだわりがあるように思います。「何故この子は障害を負ったのか」「あのときもっとこうしていればよかったのではないか」。

しかし障害児医療に、「過去のこだわり」は不要だと私は思っています。過去を振り返っても、問題の原因を取り除くことはできないからです。それよりも障害を受容し、「それでも、私はこの子を育てる」と心に決めたとき、家族に生きる意欲がわいてくるのではないでしょうか。

八歳で歩行をあきらめることは、非常に残酷なことです。しかし、歩けないと分かっていながら、歩きつづける訓練を受ければ、子どもに大きな負担を強いることになります。それよりも、車いすの使い方を教えたり、パソコンに文字を打ち込んだり、今後の生活について話し合ったりすることの方が、どれほど意味のあることかと私は思います。

第一章の「早期教育と脳」では、「できない臨界期」について述べました。私たち人間は、「やればできる」と思っています。脳科学もそれを後押ししています。しかし、「やればできる」と疑いもなく信じ続けることは、ともすれば、子どもを「できる」「できない」で見ることにつながりかねません。つまり、「やればできる」という考えは、裏を返せば「できない子ども」を社会から締め出すことにつながりはしないでしょうか。現に障害児・者への偏見は厳しく、そこから様々な問題が起きています。

しかし、ほんの少し見方を変えるだけで、「できない」ところから出発している障害児教育から、私たちが学ぶべきことはたくさんあります。

個性を伸ばす教育がその一つです。障害児教育は個性を伸ばす教育そのものです。その理由は、一人ひとりの子どもの心身状態がまったく異なり、一人ひとりの子どもの把握が、すべての始まりになるからです。

普通学級では、成績が悪い子ども、情緒面で不具合のある子どもは、他の面でも評価されない傾向にあります。物差しは学力であり、対人関係です。しかし養護学校の場合は、逆に「良い物差し」を探さなければなりません。医学的に身体、知能、発達、精神などの機能が低下していると判断されたとき、障害児・者と関わる養護教諭は、何か良い能力はないものかと、熱心に彼らの個性を探すでしょう。

なにより、毎日の生活リズムがゆるやかです。教師はゆっくりと子どもの様子を観察し、評価を急がず、その子どもに合わせた指導をすることができます。障害児・者の成長はゆっくりでも、確実に、発達していきます。話しかけに応答するようになった、言葉が出るようになった、周囲の人に好き嫌いができた——。親と子が互いに幸せを実感する瞬間がそこにあります。

最後に、障害児教育から私たちが学べることは、生きることの意味です。

先天性の脳障害で、七歳か八歳までしか命がないといわれたヒロ君は、三歳頃から自力歩行と会話ができなくなり、八歳でほとんど寝たきりの状態になりました。ヒロ君は養護学校を卒業後、現在は自宅で静かに暮らしています。

障害を持つことで、人生が幸か不幸かという問題はあります。障害を持つ子の親の苦労は私たちの想像を遥かに超えるものがあります。しかし、周囲の人間に強烈な影響力を与える彼らの存在は、ＩＱや学力だけでけっしてはかることのできない生きることの意味を実感させるものであり、人間の発達のすごさを感じさせてくれるのです。

あとがき

ある地方での講演の終了後、私は一人のお母さんから「早期教育は、我が子の将来を案じるゆえの親心ではないでしょうか。親を超えてほしいというのは親の共通した願いです。早期教育を否定されるなら、親は何を目指して子育てをすればよいのでしょうか」という質問を受けました。私が「親並みでよいのではないでしょうか」と答えたためか、お母さんは、「親並みの子育てでは、夢がなさすぎる」と困惑した様子でしたが、私の真意はこういうものでした。

子どもたちはいずれ、私たちの手を離れ、独り立ちをします。体力的、精神的、社会的、あるいは経済的に親を超える瞬間を迎えるでしょう。我が子の成長を実感することは親の喜びであり、親としての役割の一つのくぎりとなります。

早期教育に対する私の考えは本書で述べたとおりで、我が子の幸せを願う親心に疑問を持つものではありません。しかし、乳幼児への早期教育は、「我が子が他人よりも優秀であってほしい」「親にできなかったことを実現させたい」「夫のようになってほしくない」という親の自信のなさや現状不満の裏返しに感じられます。

私たちは、何をもって親を超えたというのでしょうか。学歴、社会的地位、経済力でしょうか。これらは人間を形作る一つの側面であってすべてではありません。それに、これら学歴や社会的地位を得てもなお、子どもにとって親は容易には超えられない存在のように思います。

ある人は、「これからの子どもはかわいそうだ」といいます。受験競争、少年犯罪、年金問題、少子高齢化など、子どもたちの未来が複雑で混沌としたものと予想されるからです。しかし、このような社会にしたのは他でもない私たち自身であることを忘れてはならないでしょう。

子どもの将来を案じるのは親として当然です。しかし、早期教育によって人よりも優秀な子どもに育てることが親心ではないと私は思います。ましてや社会の責任を子どもたちに押しつけないためにも、まず親自身が日々いきいきとした人生を送り、一人ひとりにできることを実践することが、子どものよい手本となるのではないでしょうか。

最後に、このような本を書くことができたのは、素晴らしい家族がいてくれたからだと思います。また、福井での医療の現場でお会いした、ハンディキャップをもった子どもたちとその親の方々に本当に多くの事を学ばせていただいたことを感謝します。そして、この本の作成にあたり、長期間つきあっていただいた光文社の三宅さん、関西シーエスの狩俣さんに深謝いたします。お二人の協力がなければ、この本は日の目を見なかっただろうと思います。

二〇〇四年七月一六日

東京女子医科大学　小西行郎

引用・参考文献

第一章

「乳幼児の脳を健やかに、『育脳』熱、育児不安映す」（日本経済新聞　二〇〇四年二月二五日）
『幼児教育と脳』澤口俊之著（文春新書　一九九九年）
『赤ちゃんと脳科学』小西行郎著（集英社新書　二〇〇三年）
『狼に育てられた子――カマラとアマラの養育日記』シング著（福村出版　一九七七年）
「3歳児神話その歴史的背景と脳科学的意味」榊原洋一（ベビーサイエンス 1, 60-65, 2001）
『頭のいい子ってなぜなの？』ヘンシュ貴雄著（海竜社　二〇〇三年）
「『脳科学と教育』研究に関する検討会」文部科学省ホームページ
『発達とはなにか　シリーズ人間の発達』永野重史著（東京大学出版会　二〇〇一年）
『脳・神経の科学Ⅱ　脳の高次機能』酒田英夫・外山敬介他編集（岩波書店　一九九九年）
「新生児期から乳幼児期までの自発運動の分析による周産期脳障害の判定について」小西行郎（研究課題番号　04670584　一九九四年三月）
「核磁気共鳴で高次脳機能を見る　精神活動の物理計測」小泉英明氏ら（「応用物理」第六五巻第八号　一九九六年抜刷）
「〈遺伝子〉チンパンジーとヒト、違い8割以上」（毎日新聞　二〇〇四年五月二七日）

第二章

「英語指導方法等改善の推進に関する懇談会報告」（文部科学省　二〇〇一年一月）http://www.mext.go.jp/b_menu/houdou/13/01/010110a.htm
『ＮＨＫ中学生・高校生の生活と意識調査　楽しい今と不確かな未来』日本放送協会放送文化研究所編（日本

放送出版協会　二〇〇三年）
『幼児教育と脳』澤口俊之著（文春新書　一九九九年）
『英語を子どもに教えるな』市川力著（中公新書ラクレ　二〇〇四年）
「くらし再考　壁を突き破る英語教育…母国語も忘れず」（産経新聞　二〇〇四年七月一九日）

第三章

『日本子ども資料年鑑　２００４』社会福祉法人恩賜財団母子愛育会日本子ども家庭総合研究所編（ＫＴＣ中央出版　二〇〇四年）
「育児や介護と仕事の両立に関する調査報告」（日本労働研究機構　二〇〇三年）
『新版お母さんのカウンセリング・ルーム』三沢直子著（ひとなる書房　二〇〇一年）
『乳幼児の心身発達と環境　大阪レポートと精神医学的視点』服部祥子・原田正文（名古屋大学出版会　一九九一年）
「母親の子育て不安の程度と母親クラブ活動との関連性に関する考察」八重樫牧子（川崎医療福祉学会誌 Vol.12 No.1 2002 45-57）
「早期乳児期の子どもを抱える母親が我が子を『手のかかるこども』と認識する要因の検討」伊藤智子、森茂、堀智子、小西行郎
「乳幼児のテレビ・ビデオの長時間視聴は危険です」（日本小児科学会こどもの生活環境改善委員会　二〇〇四年）
「2歳までテレビ我慢を」（毎日新聞　二〇〇四年二月七日）
「テレビを長時間見る子ども　言葉の発達遅れ2倍の割合で」（毎日新聞　二〇〇四年三月一〇日）
『赤ちゃんと脳科学』小西行郎著（集英社新書　二〇〇三年）

『ＮＨＫ中学生・高校生の生活と意識調査　楽しい今と不確かな未来』日本放送協会放送文化研究所編（日本放送出版協会　二〇〇三年）
「家庭教育に関する国際比較調査」（文部省　一九九三年）
「社会的養護に関する現状データ」厚生労働省社会保障審議会児童部会（二〇〇三年一〇月）
『新・保育士養成講座（第8巻）養護原理』新・保育士養成講座編纂委員会編（全国社会福祉協議会　二〇〇二年）

第四章

『育児と日本人』正高信男著（岩波書店　一九九九年）
『社会学の根本問題　個人と社会』ゲオルク・ジンメル（岩波文庫　一九七九年）
「『脳科学と教育』研究　『心身や言葉の健やかな発達と脳の成長』」文部科学省

第五章

『助産婦雑誌　二〇〇二年五月号　VOL.56　No.5』（医学書院）
『障害の見方Ⅰ　こどもの障害と医療』高谷清（「みんなのねがい」編集部編　13-19. 全国障害者問題研究会出版部、1988, 東京）
「第39回日本小児神経学会総会シンポジウムⅡ　脳性麻痺の療育　脳性麻痺の療育概観」児玉和夫（30(3), '97-201, 1998）
『北欧・北米の医療保障システムと障害児医療』杉本健郎（かもがわ出版　二〇〇〇年）
「第39回日本小児神経学会総会シンポジウムⅡ　脳性麻痺の療育　まとめ」北原佶（30(3), 238-243, 1998）
「長崎男児誘拐殺人の調書」（産経新聞　二〇〇三年九月三〇日）
「今後の特別支援教育の在り方について（最終報告）」特別支援教育の在り方に関する調査研究協力者会議

（二〇〇三年三月二八日答申）文部科学省ホームページ
『アスペルガー症候群と学習障害』榊原洋一（講談社＋α新書　二〇〇二年）
『自閉症の子どもたち』酒木保（ＰＨＰ新書　二〇〇一年）
「男児誘拐殺害事件　家裁決定要旨」（長崎新聞　二〇〇三年九月三〇日）
東京都保健局地域保健部健康推進課母子保健係ホームページ

小西行郎（こにしゆくお）
1947年香川県生まれ。京都大学医学部卒業後、福井医科大学助教授、埼玉医科大学教授を経て、現在、東京女子医科大学教授。日本乳児行動発達研究会、日本赤ちゃん学会事務局長。文部科学省の「脳科学と教育」プロジェクトにも携わる。著書に『赤ちゃんと脳科学』（集英社新書）、『赤ちゃんのしぐさ辞典』（共著、学習研究社）、『知っておきたい子育てのウソ・ホント50』（海竜社）、『赤ちゃんパワー』（ひとなる書房）がある。

早《そう》期《き》教育《きょういく》と脳《のう》

2004年8月20日初版1刷発行
2010年3月10日　2刷発行

著　者 ― 小西行郎
発行者 ― 古谷俊勝
装　幀 ― アラン・チャン
印刷所 ― 萩原印刷
製本所 ― 関川製本
発行所 ― 株式会社 光文社
東京都文京区音羽1-16-6（〒112-8011）
http://www.kobunsha.com/
電　話 ― 編集部03(5395)8289　書籍販売部03(5395)8113
業務部03(5395)8125
メール ― sinsyo@kobunsha.com

 ISBN 978-4-334-03262-3